入选新闻出版总署"向全国青少年推荐的百种优秀图书"

QIDAN WENZI YANJIU SHOUXI ZHUANJI

中央电视台科教节目制作中心　凤凰出版传媒集团　联合打造
"大家丛书"

刘凤翥传

契丹文字研究首席专家

黄　鹿　著

CCTV

江苏人民出版社

图书在版编目（CIP）数据

契丹文字研究首席专家：刘凤翥传 / 黄鹿著. ——
南京：江苏人民出版社，2022.6
（大家丛书）
ISBN 978 - 7 - 214 - 26976 - 8

Ⅰ．①契… Ⅱ．①黄… Ⅲ．①刘凤翥-传记 Ⅳ．
①K825.5

中国版本图书馆 CIP 数据核字（2022）第 010035 号

书　　　名	契丹文字研究首席专家——刘凤翥传	
著　　　者	黄　鹿	
责 任 编 辑	李晓爽	
装 帧 设 计	许文菲	
责 任 监 制	王　娟	
出 版 发 行	江苏人民出版社	
地　　　址	南京市湖南路 1 号 A 楼，邮编：210009	
照　　　排	江苏凤凰制版有限公司	
印　　　刷	江苏凤凰通达印刷有限公司	
开　　　本	880 毫米×1230 毫米　1/32	
印　　　张	6.625　插页 2	
字　　　数	142 千字	
版　　　次	2022 年 6 月第 1 版	
印　　　次	2022 年 6 月第 1 次印刷	
标 准 书 号	ISBN 978 - 7 - 214 - 26976 - 8	
定　　　价	42.00 元	

（江苏人民出版社图书凡印装错误可向承印厂调换）

谨以此书
纪念契丹文字出土一百周年

目录

第一章　童年

□ 1．刘氏人家与河北千童镇的王朴村

坐落在河北盐山县千童镇的王朴村，就是我国著名契丹文研究学专家刘凤翥出生和曾经生活过的地方。晚年的刘凤翥回忆家世时说，自己所知道的仅仅是青年时期从家谱（春节时挂在堂屋的一轴写有三四代祖先名字的纸，以便对其上供，与谱书不同）上看到和长大后听大人说的有关老辈的情况，最早到高祖。但实际上刘氏人家已在王朴村生活了好几百年，千童镇的名字更是源于 2000 多年前秦朝时期徐福带领 500 童男、500 童女赴日本寻找长生不老药之说。对自己的家乡，刘凤翥也曾回忆说：

> 我家世居河北省盐山县千童镇王朴村。千童镇即《汉书·地理志》中的千童城。据说秦始皇命徐福率 500 童男和 500 童女去东海寻找长生不老之药，即是从此地出发。为了纪念此事，故名此地为"千童"。
>
> 从地理角度言之，此地处于冲击而成的华北大平原的东部边缘，没有高山和大川。我离开家乡之前，

所见过的最大的石头是碾子和磨盘。民间有"盐山盐山，苦海盐边"的俗语。我的家乡盐碱地多，以前农作物的产量很低，亩产200斤者就是上等好地。一般亩产仅七八十斤而已，生活普遍贫苦不言而喻。几百年来，我家世代为农，耕作在这里。按照王朴村村民世代流传的说法，刘姓人是王朴村最早的居民，村东南有一块名叫"刘家门口"的地方，就是刘氏祖先曾经的居住地。据说在明朝燕王发动"靖难之役"时，刘氏人曾遭劫难。因为燕王从王朴村经过时，村里人都自发地组织起来拦截、阻挡他，结果后来燕王在南京夺得帝位归来时，就对王朴村开始了"斩尽杀绝"的报复行动。他们不分青红皂白，见人就杀，并在道路上扔下银子，如果发现银子没了，就证明人还没杀干净，继续搜查。据传说，当时只有刘姓一个男子躲在地窖中逃过此难，谱书也失传了，这位男子就是刘姓人的始祖。他的后代现在不仅居住在王朴村，也分散到附近的刘宅村、耿庵村、冯家洼村等地。据说还有一股迁到了山东省宁津县的某个村子。至今，王朴村的刘姓人家每年正月初二仍去祖坟所在地烧纸、放鞭炮。

按照家谱记载，刘凤翥的高祖是刘鸿训。高祖母是本县十四户村李氏。曾祖刘金玉是当地喉科名医。曾祖母为本县赵宅村尹氏。祖父是刘长滋。祖母是千童镇东街王氏。伯祖父刘长泰是第二代喉科名医。父亲刘邦安是祖传三代的喉科名医。刘凤翥的母亲崔氏是本县兴隆淀村崔福顺的长女。

刘凤翥的曾祖刘金玉（1838—1927 年）稍识一些字，乐善好施，起初信佛。后来他的一位当喉科大夫的朋友对他说："积德行善，信佛不如行医。你跟我学医可也。"于是，刘金玉就用几年的时间住在这位朋友家专心学医。学成之后，他回家在农耕之余义务行医，终于成了本县喉科名医。他把医术传给了大儿子刘长泰（1870—1930 年），也就是刘凤翥的伯祖父。儿时的刘凤翥就听老人说，伯祖父除了种地、行医之外，还非常喜爱地方戏河北梆子，最擅长的就是吹喇叭伴奏。

而刘凤翥的祖父刘长滋（1874—1956 年）除了种地，业余爱好武术和木工。少年时的刘凤翥曾见过祖父家传下来的练武术用的红缨枪，还睡过祖父亲手做的一张木床。老人还告诉刘凤翥说，他的叔祖父刘长宗（1878—1954 年）也爱好武术，曾经参加过义和团；也爱好河北梆子，还善于吹笛子，不过在晚年双目失明了。

刘凤翥祖父刘长滋

提起家世，刘凤翥回忆说："从我高祖自立门户以来直至中华民国二十二年夏历十二月十一日（1934 年 1 月 25 日）之前，我家是几代人住在一起的大家庭。经常出现四世同堂的情况。例如，我伯父邦振公的长子凤鸣兄 1922 诞生时，我的曾祖父和曾祖母均健在，他们当时都是 85 岁……中华民国二十二年夏历十二月十一日，有十六口人的大家庭才分成三家。当时伯祖父长泰已去世。由他的儿子邦岩和我爷爷长滋与四爷爷长宗分的家。分家 3 年后，双目失明又是绝户的四爷爷长宗感到生活不便，遂于中华民国二十五年夏历十月二十四日（1936 年 12 月 7 日）过

继了我伯父邦振公。"(分家文书和过继文书的原文分别载张传玺主编:《中国历代契约粹编》下册,北京:北京大学出版社2014年版,第1936—1938,第1948—1952页。)

□2.早逝的父亲和母亲

刘凤翥的父亲刘邦安(字怀静,1905—1948年)

1934年11月7日(农历十月初一),一代契丹文学家刘凤翥出生在河北盐山县千童镇王朴村。此时他的父亲是一位专治喉疾的家传民间名医,母亲则是一个善良又疼爱孩子的农家妇女。由于曾经连续夭折了好几个孩子,所以虽然刘家这时已经有了3个孩子,但是唯恐孩子再遭不测的母亲仍然认为认干爹、干娘才好养活。她像曾经给大儿子认了好几个干爹干娘一样,很快给刚刚出生的小儿子认了本村王立业夫妇为干爹、干娘,并由这位干爹的当教师的二儿子王衡山(字湘南)给孩子取了文雅的乳名"利贞",源于《易经》中的"元亨利贞"。

或许是母亲的虔诚感动了上苍。几年后,除了4岁的姐姐夭折外,刘凤翥和哥哥、弟弟及妹妹都相继长大。但刘凤翥刚刚长到7岁时,母亲就因患骨癌不幸去世了。刘凤翥母亲的背后长了一个大黑痦子,而刘凤翥的胸前则长了一个大黑痦子。刘凤翯记得母亲经常对他说："人揹痦子苦瓠子；痦子揹人，一辈子不受贫。"她认为自己命苦，儿子将来会命好。刘凤翯还经常回忆起，二三岁时的夏天经常去牲口棚前捞麦糠用的小水缸前玩水，用手搅动水，让水出现旋转的漩涡很好玩。有一次小水缸里水剩不多了，他伸手够不着，就搬来一个小板凳，踩在上面仍然够不到水，一使劲儿就跌到水缸里，两脚朝天，没用多久就晕过去了。恰巧借牲口推磨的老臣爷爷来牵牲口时发现了，立即把他从缸中提出来，抱着他去通知他母亲。他母亲恸哭不已时，他又缓过来了。他母亲经常说他"福大命大，大难不死，必有后福"。这说明他母亲对他寄予厚望。没几年，父亲也撒手人寰。年迈的爷爷奶奶挑起了抚养几个孙儿孙女的重担。因而刘凤翯回忆说："我的父母去世早，是爷爷奶奶把我拉扯大。"

虽然父母去世早，但和父母在一起生活的情景仍然给童年的刘凤翯留下了深刻的印象。他永远也忘不了，当年父亲和曾祖父、伯祖父一样，治疗喉疾也很有名。很小的时候就听别人说，父亲行医时胆大心细，做喉部外科手术既敢下手，手又很稳，所以治疗效果很好。儿时的刘凤翯也经常看见一些外村的人赶着马车或骑着驴来到家中，请求父亲给他们治嗓子，或者接父亲去出诊。

他还记得老辈人曾对他说，本来他的伯祖父刘长泰是想把医术传给他的儿子刘邦岩，但是刘邦岩嫌弃病人化脓的嗓子味难闻，不愿学。伯祖父无奈，就把医术传给了侄子也就是刘凤翯的父亲刘邦安。只可惜由于刘邦安的早逝，刘家行医人没有传到第四代。对此，刘凤翯也回忆说："我家是祖传三代的喉科名医，三代行医的目的只有四个字：'积德行善。'中国的传统讲究'积善之家必有余庆'。由于家父过世太早，

他的医术未能传给我们兄弟,实为憾事。"

在刘凤翥的记忆中,他的母亲也很疼爱孩子,对孩子从不打骂。他记得小时候有一次因为淘气闯了祸,当时很怕挨打,可是母亲对他说,娘怎么会打你呢。母亲的话虽不多,却让他感到母亲对孩子的疼爱。

母亲给哥哥取乳名"迷糊",用意是"迷糊来的"。这样阎王爷那里的"生死簿"上这个人就失踪了,没法把他的魂勾走。还有母亲迷信地用供奉张仙爷的办法,来保佑孩子平安。就是把张仙爷摆出弯弓射箭姿势对着一只黑狗的神像,供奉在卧室的门后,再经常对着神像烧香磕头。据说孩子之所以不成话,是让天狗给叼走了。有张仙爷把天狗给射死或者射跑,孩子就长命了。

刘凤翥觉得自己的乳名比起哥哥的文雅多了。他也忘不了干娘和他们家的枣树。每次去,干娘就抓一把枣儿给他吃。如果赶上冬天去,干娘就会从坛子里扠一碗醉枣给他吃。刘凤翥12岁时,干娘过世了,他还为干娘披麻戴孝守灵。他的四位干兄是王吉庆、王衡山、王秀山和王仁山。

□ 3．学堂里努力学习的孩子

刘凤翥的童年正是中国抗日战争时期的动乱年代,连年的战争也让王朴村的学堂关闭了好几年。所以在爷爷奶奶照顾下长大的刘凤翥一直到1944年春(虚岁11)才以刘凤翥的名字走进学堂读书。虽然上学晚,但是刘凤翥天资聪颖,又努力好学,因此既不用爷爷奶奶操心,又深得老师喜爱。这一段在学堂里读书的童年生活虽然只有3年,但无论是在学堂里学习的情景，爷爷奶奶为自己交学费的场面，还是当时战乱的生活环境，都深深地留在了他的记忆中：

我出生的时候，日本人还没有来。日本人刚来的时候，我还没有记事。当我开始记事时，记得经常逃难。中国地大人多，日本地小人少。当时日本人占领的中国地方太大，平均一个村还不能安插一个日本兵。因此日本兵据点都设在类似现在乡镇一级的地方。千童镇就有日本人的据点。隔三岔五地，日本人会进村训话。谁要在当街高声一喊"日本人来啦！"村里人就拼命往四下跑。我们那里既是日本占领区，也是八路军打游击的地方，也是土匪泛滥的地方。由于兵荒马乱，我们村的学堂时办时停。我该上学的时候，正是学堂停办的时候，因此我没有及时上学。直到1944年春，停办了两三年的学堂开始恢复。记得有一天晚上，我听见我爷爷和我奶奶商议说："村里又要办学堂了，先生是王茂公和王之让。听说束脩200元。得让利贞去上学，家里得有一个会认字算账的，以便赶集上店认得票子。"就这样，在我9周岁左右的时候，我爷爷为我交了200元钱，我才开始上学。

学校是王茂公（我们不叫老师，按乡里辈分叫六爷爷）自己的三间闲着的小土房，两间连通着做教室，另一套间做老师的办公室。当时师生都没有年级的概念，只知道有不同文化程度的差别。我们不同层次的学生挤在一起学习。老师先给高水平的学生讲《幼学琼林》，再给中等水平的学生讲《三字经》，最后给我们低水平的讲《国文》第一册。第一课就一个"人"字。第二课是"手、

足"两个字。第三课是"刀、尺"两个字。……给一部分人讲课时，其他人都默默地读书。讲完了课，大家就大声朗读。从1944年春至1946年年底的3年中，我学了六册《国文》，还学了《弟子规》《百家姓》《朱子治家格言》等，也学了加、减、乘、除的低水平数学。那时候讲究背书，学一课背一课，学一本背一本，学了新的不能忘了旧的。如果学了十本，背书时就把十本书放在老师面前，回过头去，背对老师，老师随便说一句十本书中的任何一句话，就得接着这句话往下背。如果不会背就得挨打。我们上学时，老师已经不用戒尺打手心，而是用教鞭打后背……我在我们那拨人中年龄比较大，已经懂得自觉地专心致志地努力读书，而且从一开始就很用功，所以既没有因为背不上来书挨打，也没有因为其他事情挨打。

第二章　辗转度过的小学、中学岁月

□ 1．走出王朴村

1947 年春节后，在家乡学堂里读了 3 年书的刘凤翥告别了抚养他长大的爷爷，跟着伯母及伯父的三儿子凤瑞等人一起离开家乡奔往沈阳。不满 13 岁的刘凤翥从此走出了他从没有离开过的王朴村。

刘凤翥的此次出行，是跟着伯母去投奔在沈阳国民政府辽宁省营产管理所任职的伯父刘邦振。也正是由于伯父的"介入"，才使得年少的刘凤翥由此走进了新的学习天地。

刘凤翥的伯父刘邦振，少年时曾读过私塾，上过师范，也在银号当过学徒。1921 年，刘振邦去天津造币厂工作。1923 年春，他又到北平南苑投奔冯玉祥部下从军。从此，刘振邦从冯玉祥的传令员开始逐步提升，直至上校军需会计主任。这期间，刘振邦参加过北伐，也经历了抗日战争的淞沪抗战和第二次、第三次长沙会战。后来刘振邦一个人来到重庆大后方，家眷则全留在被日本鬼子占领的家乡王朴村。

1945 年日本投降后，刘振邦任职于国民政府军政部东北

刘凤翥的伯父刘邦振（字赞麟，
1902—1956 年）

区特派员办公室军需组，被派往东北接受光复的失地。在沈阳任东北九省（当时国民政府把东北三省划分为九省）营产（指军队的房地产）管理处上校处长。刘振邦到了沈阳以后，就陆续把眷属接到了沈阳。

提起当年走出家乡来到沈阳上学的事，刘凤翥回忆说："伯母在离开王朴村去沈阳时，就顺便把我也带去了……我们是 1947 年农历正月初六离家，初七到天津。那是我第一次看见火车和电灯，真是眼界大开……我们初八到了山海关，初九就到了沈阳。"

就这样，刘凤翥又在伯父的资助下，走出家乡王朴村，开始了在城市的学校里上学读书的生活。

□2．屡被减免学费的小学生

走出王朴村的刘凤翥不仅开阔了眼界，也开始接受正规城市小学教育。在伯父的帮助下，刘凤翥顺利进小学读三年级，并先后在沈阳和北平两所学校完成了小学学业。走进校门后的小学生刘凤翥仍是努力学习，成绩优异。尤其是转到北平读小学时，更是因为每学期期末考试都是第一名而屡屡被减免学费。

在城市接受小学教育的这一段经历虽然仍是只有 3

年的时间,却让小学生刘凤翥在第一次看到外面的世界和认识到求学道路的漫长后,暗下了将来上大学的决心。

提起这段小学生活,刘凤翥回忆说:

> 到了沈阳见到伯父后,伯父最关心我的就是我上学的事。他问我在老家读过几年书,我说3年。伯父就说那就插班上三年级吧。我就问什么叫三年级?伯父说小学一共有六个年级,刚开始上学的小孩子读一年级。不留级的话6年就可以小学毕业,读完小学接着读初中,初中毕业后读高中,高中毕业后读大学,大学毕业后出国留洋。读书要读20多年,我是第一回听说。原以为再读个一年半载就卒业的我,这才知道读书的日子竟如此漫长。我这才有了小学、中学和大学的概念,并且产生将来要上大学的念头。
>
> 当时学校正在放寒假,伯父在开学前给我办好了插班手续,我和伯父的三儿子凤瑞从原籍到沈阳一直都是同班同学,我们被安排到杜聿明创办的"东北保安长官司令部军人子弟学校"读三年级。至这时我才开始接受有国语、数学、音乐、体育、美术、劳作等课程的新式教育。下半年升入四年级。

1948年春,刘振邦又把妻子和儿子刘凤瑞以及侄子刘凤翥一起送到北平,并将他们安置在自己的一个好朋友,也就是当时国民党空军上尉谷桂林先生的公馆。于是,刘凤翥和伯母、刘凤瑞一起住在了北平府右街后胡同10号西屋的三间平房里。在伯父原来重庆花纱布公司的同事,当时在北平

刘凤翥（后排左）与伯父（中）1947年冬合影。后排右为伯父之子凤瑞。前排女孩王万秀和男孩王毛毛均为伯父好友王蕴山的子女

市政府工作的范东奎先生的安排下,刘凤翥和堂弟刘凤瑞来到当时的何思源市长极为关注的北平私立培根小学(后改为"府右街小学")读书。

走进培根小学时,刘凤翥已是四年级,因此他对这所学校还有很深刻的印象:

> 学校原来可能是一座大门向南的寺庙,后来把南门堵上,对着府右街向东开门。红墙黄琉璃瓦屋顶的大雄宝殿做了礼堂。记得学校礼堂内还挂着何市长给我们的英林校长祝寿的大红匾,何市长的女儿何鲁美(何鲁丽的姐姐)当时也在这个学校读六年级。

当年北平私立学校的学费还是比较贵的。刘凤翥上学时是1948年春,正赶上经济危机,货币贬值很厉害。刚上学时,每个学生一学期的学费是法币 100 万元,结果下半年就涨成 2000 万了。到了 1949 年初,北平虽然已经和平解放,但币值仍然不稳,而且这时学费已经由原来的纸币改成 4 块袁大头。

学费虽然贵,却对成绩优秀的刘凤翥没有什么"影响"。因为这所学校有一套很好的奖惩制度,即只要在班内每学期期末考试成绩得到第一名,下学期就可以全部免学费,第二、三名可免半费。刘凤翥回忆说:"每年学期末临放假时,学校都会把全校师生集合在大礼堂内,由 80 多岁的英杖校长亲自向每班的前三名发成绩册……我自从进入这个学校后,每个学期期末考试都是班内第一名,因而每个学期末我都能享受到这种荣誉。记得当时能够和我共同享受这种荣誉的是比我低一年级的李芷,他是一位高个子的男同学。其他人我就回忆不起来了。所以自从我在入学时交了 100 万元法币的学费后,就因为享受奖学金的资助,再也没交过学费。

还让刘凤翥难忘的是,在培根小学上学期间,他和学校的老师同学共同经历了北平的和平解放,以及中华人民共和国开国典礼等重大历史事件。尤其是亲眼见到解放军进城的情景,更是让他激动难忘。那天,在老师的带领下,他们从学校出发,每个人手里都拿着用纸糊的彩色的小旗子,一直走到西四十字路口的东南角。刘凤翥亲眼看到从西直门、新街口方向走来的解放军的队伍,还看到了已经涂掉青天白日徽、刷上五角星标志的坦克,以及走在队伍最后唱歌的大学生队伍。

□ 3．山东乐陵与北平的中学时光

虽然经历了从家乡王朴村到沈阳再到北平的"变迁"，但小学生刘凤翥求学之路应该说还算比较顺利。然而没过多久，刘凤翥伯父的工作就发生了变动。那是 1948 年 11 月沈阳临解放时，他的伯父刘振邦任职的沈阳被服总厂（为军队生产被褥、服装、鞋帽）的厂长、副厂长都逃走了。这一下，时为福利科科长的刘振邦成了厂子里的最高官员，并被政府留用。1949 年秋，已经升任为东北第三局第一被服厂第一副厂长的刘振邦，考虑到家乡已经 70 多岁，又需人照顾的生身之父和过继之父，决定急流勇退，归隐田园。于是他以胃病厉害为由，坚决请求辞职。后来经上级批准，刘振邦终于回到老家开始务农。到了年底，在北京读到小学六年级的刘凤翥和刘凤瑞也被伯父接回老家。

此时，回到家乡务农的刘振邦已无力供儿子和侄儿读书。返回王朴村的刘凤翥虽然及时插班去了山东省乐陵县城关镇小学读书，并于两个月后小学毕业。但由于生活艰难，本该走进中学校门的刘凤翥又耽误了入学时机。直到他的哥哥刘凤岐当了工人后，刘凤翥才在哥哥的帮助下，先后在山东和北京读完了初中和高中。这一段辗转的求学经历，晚年的刘凤翥回忆说：

伯父想得过于简单，他没有想到务农也就意味着贫穷。回到家乡后的伯父从此再没有钱供我和凤瑞弟读书。我也在回到原籍后因为交不起每月 80 斤玉米的伙食费而误过了三次升初中的机会（当地中学每年招生两次）。直到 1951 年夏天中学招生时，伯父痛下决心，借债也要让我读中学。于是他不让自己的儿子凤瑞去报考，而让我这个侄子去报考中学。

考上乐陵中学之后，第一个月的伙食费 80 斤玉米是伯父向刘庄刘慧楠先生借的，第二个月的伙食费 80 斤玉米是向冯家洼村本家刘邦兴伯父借的，学校每月给我 15 斤小米助学金和 10 斤小米救济粮，再后来我的胞兄在东北当了水暖工人，每月可以给我汇 7—8 万元旧人民币（1954 年实行新人民币 1 元换旧币 1 万元）后，我才于 1954 年在乐陵中学（现在的乐陵市第一中学的前身）顺利读完初中。

刘凤鸯初中毕业时，他的哥哥又从东北随施工队到北京修建北京钢铁学院（现在的北京科技大学）。那时（1954 年之前），外地人可以随便到北京上中学，考上之后还可以住宿。借这个机会，刘凤鸯又来到北京准备考高中。在哥哥的帮助下，刘凤鸯不仅将户口迁到了北京，而且顺利考取了北京第七中学。

1954 年，初中毕业时的刘凤鸯

虽然考取了北京七中，但是解决不了住宿问题，刘凤鸯只得先跟哥哥一起挤住在大通铺的工棚内。但工棚的住宿条件很差，不仅室内光线暗，而且工人们下班后下棋、打扑克，还大声喧哗，让放学后的刘凤鸯根

本无法写作业。为了弟弟的学习,哥哥只好以每月1元的价格在工地附近牤牛桥3号的一户农民家里边给弟弟租了一间草棚子。就这样,刘凤翥每日放学回到"家"里,自己劈柴生火,蒸窝头,熬白菜,吃完晚饭再写作业,不写完不睡。经常晚上11点多才睡觉。第二天一大早起来就去学校,早饭或是吃点头一天剩的,或在上学的路上买个油饼充饥。午饭在学校食堂吃。每天来回也都是步行。

所幸的是,差不多两个月后,七中迁入了新落成的后来大市口的校址,距离刘凤翥租住的草棚子也近了一些。新校舍有一座教室楼和兼做食堂的大礼堂,还有一座宿舍楼。于是刘凤翥不断向老师说明实际困难,终于在第二学期,学校批准了刘凤翥住宿的请求。住宿条件得到改善后,刘凤翥更加努力学习,成绩也愈加优秀。用他自己的话说则是:"从此一帆风顺,高中顺利毕业。"

初中三年级时部分同学合影。前排左起为刘凤翥、沈世兴、安贞立。后排左起李长寿、刘明德、刘献春

胞兄刘凤岐（1930—1992 年）和嫂子王兰英（1924—1992
年）与他们的长女木兰及长子宝生

1959 年春节合影。前排右起刘凤岐、刘木兰、王兰英。后排
右起刘凤焘、刘凤瑞、刘凤梧

第三章　走进北京大学

□1．接到北大录取通知书

　　1957 年 8 月 27 日，成绩一直很优秀的刘凤翥被北京大学录取。得知考上了历史系，刘凤翥很兴奋。因为北京大学是他从小学起就知道的名校，后来在伯父的鼓励下，在高中时，他又开始读翦伯赞先生的著作，更让他对当时马寅初先生任校长和翦伯赞先生任历史系教授的北京大学充满了向往。对此，刘凤翥回忆说：

　　我在北平上小学时就听说过北大、清华、燕京等名牌大学的名字。我伯父也一再勉励我要上名牌大学。他还说，当年在重庆时，曾听过经济学家马寅初的讲演，马先生痛斥"四大家族"发国难财的大无畏精神给他留下了深刻印象。我在上初中和高中时，学习成绩比较好的是语文、历史、生物、几何、化学和英语等科，而最好的是语文，尤其是作文，经常被老师作为"范文"在课堂上宣读。因而最早的愿望是学文学。

　　上高中时，我知道了马寅初先生是北大校长，也和教我们历史的陈伟顺先生关系特别好,这些都对我报考北大历史系有很大影响。特别是20世纪50年代初我在北京七中读高中时,经常看课外书的我,偶然从图书馆中借到翦伯赞先生著的《中国史纲·先秦史》(第一卷),读起来津津有味,一下子被吸引住了。读完了第一卷,又借来第二卷(秦汉史)。这一卷更加精彩,文笔非常生动。一部史学著作可与文学作品相媲美,这样的书不多。

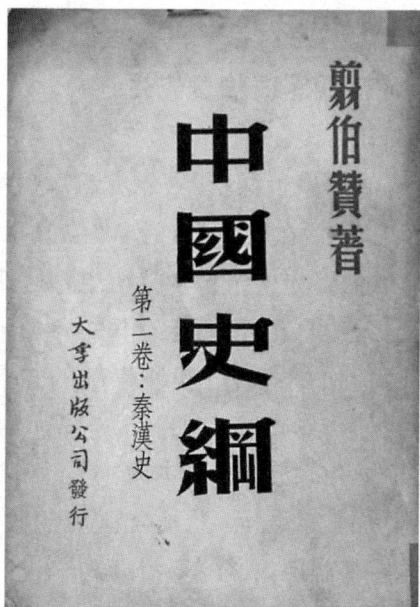

翦伯赞著《中国史纲·秦汉史》(第二卷)

用现在流行的话说,我成了翦伯赞先生的"粉丝"。后来,同班的魏金玺同学(北京医院名医魏龙骧之子)由于是老北京和知识分子的家庭背景,对名人的情况知道得比较多。他见我读翦伯赞先生的书,就对我说:"翦伯

赞在北大当教授,将来考大学时,你考北大历史系时,可以亲自听翦伯赞讲课。"魏同学本来是随便一说,我却当了真。所以我在1957年考大学时,带着对翦伯赞先生的崇拜之情,第一志愿就报考了北京大学历史系,很幸运就考上了。

接到北京大学的录取通知书后,我在第二天的日记中兴奋地写道:"我终身从事研究历史的工作开始了,我将去做翦伯赞先生的学生了。"

□ 2．初次"亲密接触"翦伯赞先生

刘凤翥与翦伯赞先生初次"亲密接触"是在1957年9月21日下午,北大历史系在教室楼(后称"二教",现已拆除)的一个大教室里,翦伯赞先生亲自主持历史系迎新会。

刘凤翥在当天的日记中写道:"下午参加由系举行的迎新会。在会上,我们的系主任、我所崇敬的知名的老史学家翦伯赞先生给我们作报告。翦伯赞先生先介绍了各教研室的老师和外国留学生,接着谈了本系的发展情况,翦伯赞先生还嘱咐我们要加强政治学习,要加强思想改造,要学习马克思主义,要学好基础课,要学好外国语。"

刘凤翥还记得,翦伯赞先生在报告中还顺便讲了中外文化交流问题。主要说的是在中国历史上有过几次向外国学习的高潮。一次高潮是古代向印度学习,一次高潮是近代向日本学习。翦伯赞先生那浓重的湘西口音,也给刘凤翥留下了深刻的印象。比如"日本"的"日"字听起来特别象"二"的发音。这是成为大学生的刘凤翥第一次亲身聆听翦

伯赞先生的教诲，因此他不仅难忘，更感到无比高兴和幸福。

那天的大型迎新会之后，接着又开了一个小型的迎新会。首先安排的是翦伯赞先生在他文史楼的办公室等待来访的新生。同学们可以自行前往文史楼历史系的各教研室与老师会面。

刘凤翥与同学们先去了翦伯赞先生的办公室。

翦伯赞（1898—1968 年）

看到一面让大家吃水果，一面和同学们亲切聊天的翦伯赞先生，他觉得翦伯赞先生又和蔼可亲又十分健谈。聊天中，当翦伯赞先生从一位东德留学生口中得知柏林大学在城里时，就对同学们说，我们北大校园很好，不仅美丽，而且位置适中，离城不远也不近。不像我曾经去过的牛津、剑桥还有巴黎大学。牛津、剑桥这两个大学离城太远，而巴黎大学又在城内……言谈中，无不透露出对北大校园的赞美。

随后，翦伯赞先生又问了好几个同学的老家在哪里，当一个叫刘一曼的女同学说自己是广东人时，翦伯赞先生就问她，为什么不考中山大学而考北京大学呢？刘一曼说，她想将来学考古，中山大学没有考古专业，所以考了北大。翦伯赞先生听了，高兴地点了点头。

一天的迎新会结束了，刘凤翥激动的心情却久久不能平静，最忘不了的还是翦伯赞先生。翦伯赞先生对北大，特别

是对北大历史系发自内心的自豪感,对新生报考北大历史系的兴奋和赞赏,还有对新生们充满期待的神情,都已深深地印在刘凤翥的脑海中,就如他后来回忆的那样:"与翦伯赞先生初次'亲密接触',拉近了我们这批新生与翦伯赞先生的距离,他那平易近人的长者风范也给我留下了永不磨灭的深刻印象。"

□3. 在名师指导下

北京大学不仅校园环境幽雅,更荟萃了众多著名的专家学者。在这样的学习条件下,一向刻苦学习的刘凤翥更是如鱼得水般勤奋努力,并在诸位老师的教导下取得优异成绩。而对于自己能够走上契丹文字研究的道路,刘凤翥觉得,最重要的是得到了北大名师的点拨和提携。他说:

在我们的年轻时代,个人的生活道路和所从事的职业既不能由个人来选择,更不能由个人来决定,往往是由多方面的因素错综复杂地交织而成。在诸多因素中,名师的点拨和提携往往起着助推的作用。

我之所以以解读契丹文字为终身职业,拓制辽金碑刻成癖,与我在北京大学历史系读书时的名师点拨有着密切的关系。我读书时的北大历史系正是名师齐集的黄金时代。中华人民共和国成立前的北大、燕京、清华、中法等大学的史学大师在院、系调整后均聚集在北大历史系。他们有翦伯赞、周一良、向达(字觉明)、邵循正(字心恒)、齐思和(字致中)、杨人楩(字萝蔓)、邓广铭

（字恭三）、苏秉琦、张政烺（字苑峰）、商鸿逵（字子上）、张芝联、胡钟达等。

5年的学习中，无论是先生们的讲课，还是师生共同的学术讨论及最早的拓碑启蒙教育，都让刘凤翥受益匪浅，终生难忘。

（一）张政烺和邓广铭的课

在一年级的第一学期，刘凤翥就听到了张政烺先生讲授的先秦史和邓广铭先生讲授的辽宋金史。两个先生的讲课，都给刘凤翥留下了深刻的印象。他觉得，张政烺先生虽不善言辞，也很少有幽默感，但从中国猿人一直到秦的统一，他那渊博的新石器时代的考古知识和金文甲骨的深厚功底，以及对先秦典籍的了如指掌，都渗透在每一句朴实无华的言辞之中，使人听得津津有味。刘凤翥从张政烺先生的讲课中得到启发："治历史必须广泛搜集史料，厚积才能薄发。"

邓广铭先生讲授的是辽宋金史，刘凤翥也给予了很高的评价。印象最深的是，虽然邓广铭先生有讲义发给大家，但他并不照本宣科，课也讲得很活。当讲到学界有争论的问题时，他不仅讲自己的观点，也客观地介绍与他不同的意见。对于比较生僻的古汉字，比如，当他讲到"纠军"问题时，"纠"字的正确写法究竟是"纠"还是"糺"，这个字究竟应该怎么读，是什么意思，邓广铭先生都讲得十分清楚。

另外对于这个"纠"字原本是契丹字还是汉字等诸多的问题，邓广铭先生都是既谈出自己的意见，又客观地介绍了国内外其他众说纷纭的意见。这也让刘凤翥在邓广铭先生的课堂上第一次听到了世间还有契丹文字一事。刘凤翥说：

"这对于我此后终身从事契丹文字的解读工作不能不说是最早的启迪"。

1992 年 3 月 6 日,刘凤翥与邓广铭先生合影(这天是邓广铭先生 85 周岁生日)

(二)得到翦伯赞先生的提携

升入二年级后不久,刘凤翥与他尊敬的翦伯赞先生又有了一次"近距离接触"。让他高兴的是,这一次他还得到了翦伯赞先生的鼓励和指导。也被刘凤翥称为"翦伯赞先生对我最大的提携"。事情还是起源于一次北大历史系关于评价曹操的学术讨论会上。当时为了指导正确评价历史人物,翦伯赞先生于 1959 年 2 月 19 日在《光明日报》"史学版"发表了《应该替曹操恢复名誉——〈从赤壁之战〉说到曹操》的论文,也从此在全国史学界展开了如何评论曹操的大论战。在这样的形势下,北大历史系也于当年举办了两次由翦伯赞先生和中国古代史教研室主任邓广铭先生筹备的评价曹操的学术讨论会。

　　刘凤翥记得那时的翦伯赞先生因为工作忙，已经不给本科生上课，只带研究生。在系里，他也仅仅举办过有关亚细亚生产方式的学术讲座。一般情况下，他是用举办学术活动和发表指导性的论文，以及邀请如范文澜、韩儒林等校外知名学者来系做学术报告等方式来教育和影响学生。

　　而正在给他们上辽宋金史课的邓广铭先生则在课堂上几次号召同学们积极参加评价曹操的学术讨论会。班干部也一再动员，但还是没有同学敢报名。因为大家总是认为这是高年级学生的事，对于他们这些二年级学生似乎不太合适。

　　为了向邓广铭先生交差，班上的学习委员瞒着刘凤翥，把他的名字报了上去，算是给邓广铭先生交了差。所以直到临近开会前三天才得到通知的刘凤翥只好临阵磨枪，他粗略地翻看了《三国志》，又读了当时报刊上有关的文章，用一夜的时间，还真赶写出了一篇将近1万字的发言稿。大意就是曹操有功也有过，既不能全盘肯定，也不能全盘否定，应当是非分明。

　　三天后的下午，讨论会在化学楼的一个大教室举行。会场里除了黑板上写着"曹操问题学术讨论会"之外，还用粉笔在黑板两侧分别画了红色和白色的曹操京剧脸谱。刘凤翥觉得，两幅画像的用意似乎是在问曹操是忠臣乎，还是奸臣乎？

　　会议由邓广铭先生主持。他先讲了主办这次讨论会的意义，接着又说，这是一次师生结合的讨论会，报名发言的不仅有老教师，也有青年教师，还有二年级的学生刘凤翥同学。一直到邓广铭先生按发言顺序逐一念了发言者的名字后，刘凤翥才知道，这所谓"师生结合"的学生只有他一个人而已。

在北京大学读书时的刘凤翥
（1958 年摄）

顿时心里紧张极了，连台上的发言都听不清了。他只记得翦伯赞先生第一个发言还注意听了一下，后面的发言几乎就没心思听了，因为心中只盘算着如何闯过这一关。

终于轮到刘凤翥发言了，他只记得自己走到前面就开始低着头一个劲儿地念稿子，因为紧张还念了两三个白字，没想到坐在他对面的翦伯赞先生还替他纠正。更让他没想到的是，他把稿子念完之后，翦伯赞先生不仅和邓先生带头为他鼓掌，还上前和他握手。

这次的学术讨论会虽然时间不长，却深深印在刘凤翥的脑海中。他回忆说："会议结束时，翦伯赞先生说，今天的会开得好，所有的发言全部发表。今天来参加会的有《光明日报》和《文汇报》的同志，今天的发言全部交给《光明日报》，就对不起《文汇报》了。凭着翦伯赞先生的面子，我的发言'滥竽充数'地发表在当年 5 月 6 日的《光明日报》上。这是我第一次参加学术讨论会，第一次发表文章。当年发言时的紧张与胆怯，已变成永恒的美好回忆，这对我此后的学术生涯起了极大的促进作用，是翦伯赞先生对我的最大提携。"

（三）拓碑技术——向达先生对刘凤翥的启蒙教育

对向达教授，刘凤翥也十分敬重，并称他为"学兼中西的史学大师"。四年级时，刘凤翥在北大的学习开始分专业，他被分在中国古代史专门化。在刘凤翥的记忆中，向达教授在 1961 年春天的时候开始给中国古代史的十三位同学讲授《史料目录学》课程。记得最清楚的就是向达先生在讲课时提到的碑刻和契丹文字。他回忆说:"向先生在讲课时曾提到,碑刻是重要的史料。凡遇重要碑刻,应当手勤一些把它抄录下来,如能照相或拓制那就更好了,日积月累,最后必有大用。向先生还曾提到契丹文字是失传数百年之后于 20 世纪陆续出土的死文字。倘若解读了契丹文字,可为辽史的研究工作增加许多新资料,甚至改变辽史研究的面貌。"

向达先生在《唐代长安与西域文明》一书上的题字

当然最让刘凤翥印象深刻的,是向达关于碑刻技术方面的讲话。一天,刘凤翥去燕南园向先生的家中请教一些学习的问题时,刘凤翥又借这个机会重提了拓碑的事。他说:"向先生,您叫我们遇见好碑尽可能地把它拓下来,这个意见很好,可我们都不会拓碑。请问先生拓碑的方法是怎样的?"向达先生告诉他说:"拓碑的方法很简单,先用清水把碑洒湿。然后把宣纸铺在碑上,纸也就湿了。纸一湿就有延展性了。再用毡垫儿铺在纸上,用木锤子轻轻地敲打毡垫儿。如果没有锤子和毡垫儿,用湿毛巾叠一下,在纸上拍打,或在字口处使劲挤压,也能使有笔画地方的纸陷下去。然后等纸晾干了,再用块布包些棉花做成有弹性的布球,用布球蘸些墨往已经干了的纸上拍打,多拍几遍,等把墨色拍匀了,把纸往下一揭就行了。"向达先生的话虽不多,却让刘凤翥牢牢记在了心里。这也是他第一次接受拓碑技术的教育。因此晚年的刘凤翥回忆说:"向先生传授的拓碑技术虽然过于简单,但他讲明了拓碑的基本程序。这是我所接受的最早的关于拓碑技术的启蒙教育。"

(四)一次畅谈,更加了解翦伯赞先生

一次与翦伯赞先生近距离的畅谈,让他对翦伯赞先生有了更多的了解。那是一天晚上,刘凤翥与专门化的十几位同学一起来到翦伯赞先生家中拜访。翦伯赞先生不仅热情接待了学生们,而且与他们一直畅谈到深夜。那一晚,翦伯赞先生首先谈起的是古代史和近代史的关系,接着又谈到他研究历史的原因和过程,后来还谈了历史与政治的关系、史料与理论的关系、历史主义的问题、古为今用的问题、联系实际的问题、通史与专史的关系问题、写作问题以及他的喜好和交际等很多问题。一晚上的畅谈,同学们不仅看到了一个健谈的翦伯赞先生,更感受到翦伯赞先生活泼风趣的谈吐,无形中让大家受到了启发和鼓舞。

翦伯赞先生的热情和健谈,也让大家少了许多拘束,于是一个同学就问他,您是怎么成为马克思主义史学家的。于是翦伯赞先生又接着和学生们畅谈起来。他说,自己最初并不是学历史的,也根本就不是科班学历史的,是学商业的,他写的第一本书是《最近之世界资本主义经济》,研究的是第一次世界大战后的世界经济情况。他还告诉大家说,自己做梦也没有想到此生此世会研究历史,更没想过当什么历史学家,完全是因为工作关系,偶然把他领到了这一学术领域。

原来翦伯赞先生虽然在 1938 年出版过一本《历史哲学教程》,但真正专门搞历史研究,还是从给冯玉祥将军当家庭教师后开始的。抗日战争爆发后,他最初是在湖南溆浦编辑《中苏友好》杂志。后来在 1940 年的春天辗转到了重庆,并找到周恩来同志,请他帮忙给找份安定的工作。恰逢当时的国民党著名将领冯玉祥将军欲请一个家庭教师。此时的冯玉祥,因受排挤,已被削掉兵权,仅仅剩了军事委会副委员长的空衔。他表示,自己是军人出身,玩枪杆子玩了大半辈子,从小没有正经读过什么书,所以后半辈子想请个德高望重的、有学问的家庭教师给自己补补课好好读点书,这样才不虚活一世。后来冯玉祥在周恩来面前又提到这番话,周恩来就巧妙抓住这个时机,把翦伯赞先生推荐给了冯玉祥。翦伯赞先生也因此入住冯公馆,专职担任冯玉祥的家庭教师,并开始一面备课(即自学和自行研究),一面给冯玉祥讲历史。

翦伯赞先生告诉学生们说,全靠他的国学基础好,才得

以胜任冯玉祥的家庭教师一职。因为他的祖父是清代举人。在他还咿呀学语时,就被祖父抱着接受"子曰""诗云"的教育。到了七八岁时,祖父更是让他试着标点《资治通鉴》。虽然没有真正进大学科班学历史,但在祖父的指导下,《史记》《汉书》《后汉书》《三国志》(即二十四史的前四史)以及《资治通鉴》,他不知读过多少遍。正因为对史事的烂熟于心,翦伯赞先生才能在给冯玉祥讲课时得心应手。

翦伯赞先生还说,冯玉祥对他极为尊重。每次讲课之前,都是冯玉祥亲自把他坐的椅垫铺好后,再请先生坐。每次讲课时,冯玉祥不仅认真听讲,还记笔记,而且他身边的夫人李德全、副官余心清等均要旁听。众人在下面早已约好:谁若不注意听讲,被发现后,冯玉祥就会瞪谁一眼,谁就得自动站起来罚站,过一会儿再自动坐下。而当时翦伯赞先生对这一约定并不知情,是他在讲课中才逐渐发现的。后来翦伯赞先生把他给冯玉祥讲课的讲稿整理成《中国史纲》第一卷和第二卷(也就是先秦史和秦汉史)然后出版,还把一些讲稿先以单篇文章发表,然后再集结成《中国史论集》第一集、第二集出版。这四部著作的完成,也让翦伯赞先生一举成名。

那一晚,刘凤翥和同学们还在客厅里看到了翦伯赞先生家中客厅挂着一幅冯玉祥画给翦伯赞先生的山水画。画面上山间中有一条河,一个人撑船逆水而上。冯玉祥还在提款中写了一首打油诗:"伯赞先生:乘小船,上高山,脱去长衫,打倒独裁卖国的汉奸。决心坚挺,不怕任何危险。冯玉祥一九四八年二月十一日。"

(五)难忘田余庆先生辅导毕业论文

当时北京大学历史系共有历史和考古两个专业。二年级时,刘凤翥被分在历史专业。历史专业有中国古代史、中国近现代史、世界史和亚非史四个专门化。四年级时,刘凤翥被分在中国古代史专门化,由张传玺先生辅导做学年论文。五年级时,由田余庆先生辅导做毕业论文。

对田余庆先生,刘凤翥印象也很深刻。特别是在五年级时,田余庆先生辅导他毕业论文的情景更是难忘。他记得学期一开始,田余庆先生就郑重地告诉他说,先认真读《史记》《汉书》以及有关秦汉史的论著,并让他根据阅读内容选定一个题目。于是在第一学期末,刘凤翥选了汉武帝方面的题目,并在田余庆先生的要求下写了一个他自认为面面俱到的提纲。没想到田余庆先生看了后竟对他说,面面俱到写一本书也放不下,要集中说一个问题,说深说透就行了。

从左至右依次为张传玺、郝斌、刘凤翥、北大校长郝平(2018 年 11 月 4 日摄)

从左至右依次为田余庆、邓广铭、邓小南、刘凤翥（1992 年 3 月
6 日拍摄）

刘凤翥按田余庆先生的要求重新写提纲。他决定把写作内容限定在汉武帝的盐铁专卖政策上，并在完成后交给了田余庆先生，结果田余庆先生很满意，并让他照提纲去完成论文。没想到刘凤翥把论文初稿交上后，遭到了田余庆先生一顿狠狠的教训。原来，刘凤翥在初稿中转引了吴式芬、陈介祺合撰《封泥考略》中的一条资料。因为没找到《封泥考略》原书，所以他论文中的这条资料是从别人的文章中转引来的。田余庆先生看了之后，就立刻把刘凤翥召去，并严厉地对他说："是直接引用原书还是转引，不仅仅是懒惰和勤快的区别，而是能否毕业的标准，是内行和外行的分野。北大的学生毕业后到外边转引第二手材料就不配是北大的毕业生，要顾及北大的脸面。"

刘凤翥只得辩解说是因为北大图书馆没有《封泥考略》这本书，但田余庆先生说："严谨的学风越是在遇到困难的时候越要坚持。北大图书馆没有，可以去北京图书馆查。明天就去系里开介绍信去北京图书馆查原书。"刘凤翥只得照办。

事后回忆起来，刘凤翥说："后来提起田余庆先生，翦伯赞先生也曾对我说过，他审查别人的文章，先看小注，不看正文。如果小注中存在引用二手材料的情况，说明作者还是外行，正文也就不用看了。现在想来，这些教诲对我日后的工作极有益处。"

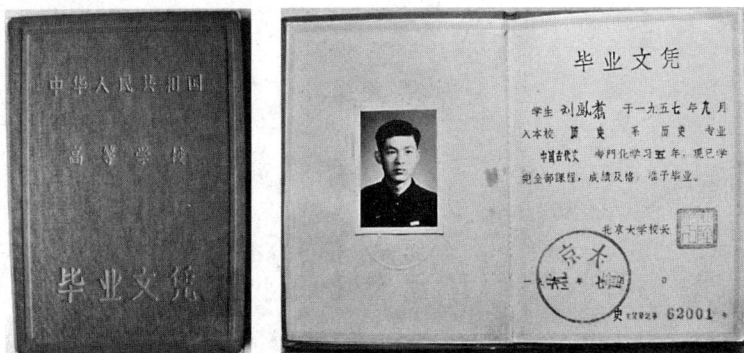

刘凤翥的大学毕业证书

（六）翦伯赞先生一番叮咛，终生受用无穷

大学毕业之前，有关方面一再对应届毕业生进行思想教育。中心意思是让大家做好改行的思想准备。内心深处，刘凤翥认为上了 5 年大学之后用非所学实在可惜。为了摆脱改行的厄运，毕业之前刘凤翥报考了中国科学院民族研究所（该所 1977 年划归中国社会科学院）陈述（字玉书）教授招收的东北古代民族史（实际是辽金史）专业的研究生，而且很幸运地被录取了。去民族所报到之前，刘凤翥向一些师长辞行。

钩党风声夜半倾 山村寂静

正当新年结志小市珠灯夜

急雪寒江独览船

凤翥同志之属

为春节试以

翦伯赞

翦伯赞先生送给刘凤翥的墨宝

　　1962 年 9 月 13 日,刘凤翥向商鸿逵(字子上)教授辞行时,商鸿逵先生再三告诫刘凤翥今后要多学几种已经灭绝的古代民族的文字如西夏字、契丹字等。同月 16 日晚上,即将离开北大的刘凤翥,依依不舍地去燕东园 28 号翦伯赞先生的家里辞行。这时的翦伯赞先生已经是北京大学的副校长兼系主任,虽然工作繁忙,但他依然对刘凤翥热情相迎,并对他说,中国的民族古文字近年国内研究不够,国外却很卖力气地研究,这是不正常的也是暂时的。翦伯赞先生让刘凤翥去民族研究所之后务必学一门或两门民族古文字如契丹字、女真字、西夏字等。最后翦伯赞先生还语重心长地对他说,记住我让你学习民族古文字的事,学了民族古文字不仅不会影响你研究民族史,而且对你今后研究民族历史大有用处,说不定会让你终生受用无穷。

临行前翦伯赞先生的一席话,让刘凤翥铭记终生,受用无穷。他回忆说:"当我在辞行前开口向他求墨宝时,他当即答应,说写好后通知我来取。这时天空中突然打雷,我赶紧告辞。翦伯赞先生出来送我,我请他留步,他不肯,一直送我到燕东园的西门才肯停下脚步……我对翦伯赞先生一向很崇拜。他所说的'终生受用无穷'六字深深地打动了我。我当时即暗下决心:一定要永远铭记翦伯赞先生的临别赠言,按翦伯赞先生的嘱咐去做。这是我下决心研究契丹文字之始。"

第四章　初涉契丹文

□ 1. 下决心学习民族古文字

　　1962 年 9 月 18 日,已经考取中国科学院民族研究所首届研究生的刘凤翥来到民族研究所报到,并成为陈述教授的开山弟子。虽然如愿成为民族研究所东北古代民族史专业的研究生,但是翦伯赞先生的"一定要学习一两门民族古文字"的嘱咐却时时在刘凤翥的耳边响起。为了不辜负翦伯赞先生的期望,刘凤翥决定先向所里老先生学习中国民族古文字。但没想到出于种种原因,这种愿望没能实现。一心不忘翦伯赞先生叮嘱的刘凤翥决定自学民族古文字。从此,还在进行研究生学习的刘凤翥,利用学习之余,开始收集抄录有关契丹文字和女真文字方面的文章资料。这些浸满了刘凤翥辛勤汗水的宝贵资料,既是他初涉中国民族古文字的开始,也为他日后踏上中国民族古文字学术研究的道路打下了良好基础。就如刘凤翥回忆的那样:

　　　　去中国科学院民族研究所成为陈述教授的研究生后,翦伯赞先生命我学习民族古文字的事一直牢记在心，但我对各种民族古文字的研究状况，谁是这方面的专家等情况一无所知。刚到民族研究所时，我曾盲目地向所内两位老先生请教民族古文字，但都没有达到预期愿望。这使我清醒地认识到，要学习民族古文字只有勤奋自学一条路。为了不辜负翦伯赞先生对我的期望，我决心沿着自学的道路义无反顾地一直走下去。于是

陈述（字玉书，1911—1992年）

我在研究生的学习之余，凡在报刊上遇有契丹文字和女真文字方面的文章，全都全文抄录。日积月累，数年之间，各积了满满一纸袋子。正是这两袋子资料，日后成了我进入民族古文字学术殿堂的敲门砖。

□ 2．最早的拓碑经历

1964年11月，结婚才几个月的刘凤翥随民族研究所的"四清"工作队伍，来到贵州省晴隆县。虽然中断了研究生的学习，来到遥远的与自己的学习环境"风马牛不相及"的少数民族地区的农村，但这一段经历，却意外地给了刘凤翥第一次拓碑机会，更让他没有想到的是，这第一次拓碑经历，也成了他日后几十年拓碑生涯的开端。

那是在刘凤翥研究生学习一年后,正好赶上全国各地农村开展的"四清"运动。刘凤翥所在的中国科学院民族研究所也和各单位一样,一批接着一批地抽人去农村搞"四清"。民族研究所由于受中国科学院哲学社会科学学部和国家民委的双层领导,所以刘凤翥就被派和抽调的人员一起参加国家民委组织的去民族地区的"四清"工作。

于是,刘凤翥中断了研究生的学习生活,先在所内和参加"四清"的人员集中学习了一阵子,然后就乘火车离开北京,途径贵阳和安顺分别停留了几天,最后到达目的地贵州省晴隆县时,已是 11 月了。刘凤翥先后在鸡场区雨集公社的大新寨大队、旧寨大队和雨集队部开展"四清"工作。这期间,刘凤翥了解到大新寨村的村民主要是李、梁两大姓聚族而居的布依族人。一个李姓村民还告诉刘凤翥说,他们与老伯寨村和流水寨村的李姓是同一始祖,始祖的墓在双江口,现在有墓碑。刘凤翥还了解到,双江口就是大新寨村前的麻沙河与另一条河的汇合处。他决定找机会去双江口探寻李氏始祖墓碑。

刘凤翥与夫人李春敏及女儿刘京雨（1965 年 10 月摄）

　　不久后的一个周日下午,刘凤翥终于和民族所的一个同事还有贵州省交通厅的一个干部(他们都是和刘凤翥同一个村的"四清"队员)一起来到双江口开始探寻李氏始祖墓碑。在一棵大树下面,他们果然找到了墓碑。虽然有些剥落,但大部分字迹还看得清。于是刘凤翥一边看一边念,同事在旁边听边记录,很快碑文的内容就出来了。按照碑文的记载,这座碑立于清代,李氏始祖原本是江西南昌府鄱城县人,明代洪武年间"调北征南时"兄弟三人来到贵州的经历。

　　这座清代墓碑看来比较普通,但刘凤翥觉得,既然找到了墓碑,就应该进行拓碑。于是他开始着手准备拓碑的物品。先写信给妻子李春敏,让她寄几张宣纸来。同时他又就地买些绵纸、墨汁、胶水、棉花等物品。

　　一切筹办齐了之后,刘凤翥带上一小瓶水、五张绵纸、一瓶墨汁、一瓶胶水、棉花若干、布一块和一根木棍,利用春节假期和两个同事一起奔向了双江口。行程刚到一半时,一个同事累了,停止了前进;另一个同事到了目的地后不久也走了。于是刘凤翥一个人留下来拓李氏祖坟的墓碑。他先用水把碑刷湿,然后把纸铺在碑上面,接着用胶水糊上四角,再用叠上几层的布铺在纸上,这之后就开始用木棍打布,为的是把纸都捶到碑凹的地方去,最后再用棉花少沾墨慢慢地在纸上捶。这些步骤都做好后,拓片就可以揭下了。

　　拓片揭下来的那一刻,刘凤翥激动得不知说什么好,毕竟这是自己平生第一次拓碑。他反复端详着自己亲手拓出的拓片,虽然拓得有些模糊,但仍能影影绰绰地把字看清楚。

　　双江口的初次拓碑,让刘凤翥激动难忘,也让他从此更加喜爱拓碑,欲罢不能。就如后来刘凤翥回忆所说:"当时万

万没有料到我这次偶然的拓碑尝试竟成了我后来数十年拓碑生涯的开端。"

几天后，刘凤翥也收到了妻子李文敏寄来的四张大尺码的宣纸。于是在接下来的日子里，刘凤翥又去了双江口，重新为李氏始祖墓碑拓了一份完整的拓片。接着又在为小王寨送急件的归途中，冒着天气的炎热拓制了王氏墓群中的一个大碑。这之后，刘凤翥又先后为木瓜田村一个布依族的清代五品官李世荣的墓碑，以及红岩村立于清代咸丰年间的《齐心捕盗碑》进行了拓片，终于把妻子寄来的四大张宣纸都派上了用场。不久，刘凤翥参加的"四清"工作也结束了。刘凤翥在日记中则写得更为详细："'四清'工作于6月上旬结束，6月12日撤离雨集公社，6月16日返抵北京。我忙里偷闲的早期拓碑活动也就随着'四清'工作的结束而结束了。"

这几张拓片虽是最早期完成的作品，但一直让刘凤翥挂在心中。他回忆说："我的这些早期拓片，在结束'四清'工作时，全被同去参加'四清'工作的我所图书馆负责人魏治臻同志取走了。在'四清'工作中，他担任侯方若同志（我所历史研究室副主任、大新寨'四清'工作队队长）的秘书。他取走的拓片可能都拿给侯老看了。侯老可能对双江口李氏始祖墓碑的那份宣纸拓片感兴趣，把那份拓片就带回研究室了。直到数十年之后，侯老离休很多年了，研究室的同事打扫卫生时才在侯老原来的办公室内发现了那份拓片。我立即建议当时的研究室主任卢勋同志拿到外面去装裱，以利永久保存。其他拓片可能仍沉睡在我所图书馆的某个角落里。"

□ 3．"偷闲"学考古

"四清"结束后回到北京的第二年，"文革"爆发了。刘凤翥被迫中断了四年制研究生学业，跟随民族研究所来到河南省息县东岳公社的中国科学院哲学社会科学学部"五七干校"，开始了一边劳动一边搞运动的日子。

来到"五七干校"后，刘凤翥更加无缘研究生的学业。但他不甘心就此虚度光阴，一番思索之后，他决定在劳动之余有意识地做些力所能及的与业务沾边的工作，亡羊补牢式地弥补一下"文革"中的"耽误正业"。正是他们在苇塘坡烧砖盖窑时，发现了一些新石器时代的陶片。于是刘凤翥就把一些大块的、有边有沿的陶片捡出来，洗刷干净之后放在铺板下，闲暇中不时玩味，这么一来，还真增加了不少考古知识。

刘凤翥捡到古陶片的事很快被同在息县"五七干校"的中国科学院考古研究所所长夏鼐先生得知。于是夏鼐先生立即请假找到刘凤翥。夏鼐先生是我国学兼中西的著名考古学家。他与另一位有名的考古学教授苏秉琦先生查看了陶片后，就利用休息日与苏秉琦先生一起带着刘凤翥来到苇塘坡亲自进行发掘。

发掘中，夏鼐先生亲自教授刘凤翥打探方和层位，让学到新本领的刘凤翥接连发现了米泰寺遗址和上蔡县的姜黄庄遗址。之后，刘凤翥又与苏秉琦先生、安志敏先生等人一起对姜黄庄遗址进行了发掘。

1971年，"五七干校"由息县迁到了正阳县明港镇西边的兵营。刘凤翥依然利用节假日进行他的"业余考古"，并先后

发现了黑铃铛和周庄两处遗址。从考古学方面讲，可说是收获不小。他的这一段"五七干校"期间的业余考古，一直持续到1972年夏天学部"五七干校"时才结束。刘凤翥也曾谈起这段经历。对此刘凤翥也曾回忆说：

> 自由支配的时间如此少有地充沛令我极度兴奋，我可不愿意白白浪费掉这些转眼即逝的宝贵光阴。我要把它充分地利用起来。起先依然陶醉于业余考古。1972年3月26日，还与苏先生约了考古研究所的殷玮章、徐光冀、韩榕以及我所的史金波、张济川等人去黑铃铛遗址打探方发掘，挖了2米深正好挖到一个房屋的遗址上，还发现了两个柱洞。屋内的地面上还铺了一层红烧土。后因农民急于在地里种庄稼，才没有把这间房子的轮廓清理完而遗憾地回填了。

虽然为业余考古付出了不少时间和精力，却让刘凤翥学到了很多知识，更重要的是，他觉得自己没有白白荒废了宝贵的时间。然而在接下来的日子里，随着劳动和政治运动的减少以及自由支配的时间增多，刘凤翥已不满足于仅仅"业余"考古了，他觉得自己还应该做点什么了。

□4．自学女真文字

思来想去，刘凤翥决定遵照翦伯赞先生的嘱托，学习民族古文字。于是，迁到明港镇的"五七干校"后，刘凤翥又开始利用空闲时间开始自学女真文字。这一段"地下"自学女真文字的经历是如何开始的呢？刘凤翥是这样回忆的：

> "业余"考古已经填不满我的闲暇时间，再说考古只不过是"票友"生涯而已。一旦回到北京去搞业务，我这个非科班出身的半吊子终不至于去考古研究所班门弄斧地混饭吃，应该见好就收。不搞考古搞什么呢？历史是自己科班的本行，但"文革"就是先从史学界开刀的。再说搞历史研究必须翻阅大量的史料，在"五七干校"根本不具备这些条件。这时我忽然想起了翦伯赞先生命我学习民族古文字的嘱咐。语言文字是没有阶级性的，民族古文字更是纯学术的绝学，与政治根本不沾边。为了便于操作，也为了不至于招来被批判的大麻烦，我决定立即"地下"上马搞业务，专心致志地自学契丹文字和女真文字。
>
> 真是无巧不成书。正当我决心自学契丹文字和女真文字的时候，我偶然发现我所语言研究室的锡伯族学者安俊同志把一部罗福成类次本《女真译语》带到了干校，不时翻阅。我从他手里把这部书借来，用毛笔把此书全文抄录了一份，时时翻阅，这就是我自学女真文字之始。我这份手抄本《女真译语》为我日后出版《女真译语校补和女真字典》（上海中西书局2019年版）打下了基础。

女真文字，顾名思义，就是我国古代女真族的文字。因此，刘凤翥首先把女真文字的诞生、兴起直至衰亡的过程整理出来。据史料记载，女真族（现在满族的前身）建立金朝之后，因为政治、经济、军事、文化和民族觉醒的需要，为了记录女真语而参照汉字和契丹文字的形体结构及契丹大字的拼

音方法而创制了女真文字。据《金史》记载，女真文字有女真大字和女真小字两种。大字是金代开国功臣完颜希尹所创；小字为金熙宗完颜亶所创。但传世的女真文字只有一种，因缺乏比较，很难说清它究竟是大字还是小字，我们姑且笼统地称之为女真文字。蒙古兵灭亡金朝之后，女真文字仍在女真人族群中使用，直到明代永乐十一年（1413年），在黑龙江口庙街地方（今属俄国的特林）所立的《永宁寺碑》还在背面刻有女真文字和蒙古文字。明代中叶以后，女真文字遂逐渐成了无人可识的死文字。

对于传世的女真文字工具书《女真译语》的基本状况，刘凤翥也一一作了梳理。根据史料，女真文字虽然在明代中叶以后遂逐渐成了无人可识的死文字，但是由于明朝政府规定凡有文字的少数民族进贡时，必须用本民族的文字写奏文（当然应附有汉字译文），否则不收贡品。所以当时专门为少数民族进贡草拟奏文的四夷馆特地编了一些工具书，如《女真译语》（又称《女真馆华夷译语》）。《女真译语》由女真馆杂字和女真馆来文两部分组成。杂字是按天文、地理、时令、宫室、花木、禽兽、人物、器用、珍宝、数目、颜色、方隅、通用等十三个门类编纂而成的单词汇编。每个单词均先写出女真字，并在其左右分别用汉字标出词意与读音。可以说是一部既注明读音又注明字义的女真字词典和自学女真文字者最好的入门读物。女真馆来文是一些女真字奏文的汇编。但这些奏文是先写出汉字的草稿，再根据汉字草稿中出现的单词顺序一一对应堆砌同一意义的女真字单词而成，它并不符合女真语的语序和语法，仅是一种形式主义的奏文而已。只要把杂字部分中的女真字单词学会，谁都会堆砌这种不伦不类的奏文。

手捧《女真译语》，刘凤翥认真开始了自学。但很快，《女真译语》已满足不了他的学习要求。他回忆说："我看了一段时间自行转录的《女真译语》之后，觉得仍不过瘾，于是给在北京的爱妻李春敏写信，请她把我以前积累的两袋装有契丹文字和女真文字资料的纸袋子用包裹挂号寄来。我收到之后，如饥似渴地一遍又一遍地反复阅读这批资料，很快进入了角色。这两袋子资料使我很轻松地度过了'五七干校'生活的最后时光，也奠定了我今后终生学术道路的基础。"

刘凤翥首先阅读的是日本田村实造的《大金得胜陀颂碑之研究》。这篇文章的原文曾在 1937 年的《东洋史研究》第 2 卷第 5 号和第 6 号上连载。刘凤翥早在 20 世纪 60 年代初就和这篇文章"打上了交道"。由于曾在大学时学习了日语，所以当时刘凤翥日语已经到了可以借助字典笔译本专业文章的水平。因而他看到日文版的《大金得胜陀颂碑之研究》后，就先把它全文抄录下来，然后很快就把它译成了中文。这个译本后来还被刊登在民族所民族历史研究室主办的内部刊物《民族史译文集》1980 年第八册上。2019 年出版的《女真译语校补和女真字典》也收录了这篇译文。

刘凤翥让妻子寄来他之前抄写的《大金得胜陀颂碑之研究》日文原文稿，将它和自己完成的译文稿比照阅读后，又阅读了他抄写的罗福成的《宴台金源国书碑考》和《女真国书碑跋尾》。接着他又阅读了原版金光平、金启孮的巨册专著《女真语言文字研究》。由于在他所阅读的资料中，唯有这份《女真语言文字研究》是原件，所以刘凤翥在仔细阅读后，又精心将其收藏起来。

几经阅读学习后，刘凤翥取得了不小的收获。他回忆说："当时我正年富力强，精力充沛，记忆力也好。这些资料

几天就看一遍。经过几遍反复阅读之后,就对女真文字有了一个基本的了解,也记住了一些女真文字的写法和读音,并知道了遇有新的资料如何考释以及今后的研究方向等。可以说已经初步入了门。"

□ 5. 自学契丹文

自学女真文字达到初步入门的水平后,刘凤翥一面继续不断翻阅女真文字资料,一面又开始了契丹文字的自学。契丹文字也是我国古老的民族文字,只不过虽然也和女真文字一样最终成为无人可识的死文字,但年代要更早一些。

对契丹文字的自学,刘凤翥仍然是从阅读有关契丹文字的论著开始。比如在 20 世纪 30 年代北京大学《国学季刊》《国立中央研究院历史语言研究所集刊》及《辽陵石刻集录》发表的由学者孟森、厉鼎煃、王静如、罗福成等著的《辽碑九种跋尾》《热河契丹国书碑考》《辽道宗及宣懿皇后契丹国字哀册初释》《契丹国字再释》《道宗仁圣皇帝国书哀册考》《道宗宣懿皇后国书哀册考》《大金皇弟都统经略郎君行记》,20 世纪 50 年代阎万章在《考古学报》刊登的《锦西西孤山出土契丹文墓志研究》,厉鼎煃分别在《中山大学学报》和《文物》发表的《试用古回鹘文比较研究契丹文字》与《关于契丹国书的介绍》,日本学者爱宕松男在《东北大学文学部研究年报》1956 年第 7 号发表的《关于契丹文字之解读》和在《文化》1956 年第 20 卷第 6 号上发表的《契丹文字鱼符、玉盏、铜镜铭文之解读》等。这些早期抄录的有关契丹文字的文章,刘凤翥在"五七干校"反复阅读,钻研了无数次。

　　功夫不负有心人，经过对众多资料的反复阅读，刘凤翥终于对契丹文字有了较为详细的了解。他首先对我国古老的契丹民族及契丹文字的创制、通行及至成为无人可识的死文字的过程，以及对现存契丹文字资料状况进行了梳理。据刘凤翥的研究情况看，唐朝末年，中原纷乱，藩镇割据，契丹族亦乘势雄起于长城之北，在其贵族首领耶律阿保机的统率之下统一各部，进而建立了几乎与五代和北宋相始终的时称契丹时称辽（907—1125 年）的王朝。契丹王朝建立之后，为了适应其政治、经济、军事、文化发展和民族觉醒的需要，曾参照汉字的形体结构先后创制了契丹大字和契丹小字两种不同类型的文字，用以记录契丹语。大字为辽太祖耶律阿保机于神册五年（920 年）主持创制；契丹小字创制稍后，为辽太祖耶律阿保机之弟耶律迭剌所创制，具体创制时间史书失载。《辽史》卷 64《皇子表》说，契丹小字的特点是"数少而该贯"。终辽一代，两种契丹文字一直与汉字共同通行于辽境。辽灭金兴，尽管金朝创制了自己的女真文字，但契丹文字仍通行于金朝的前半期，直至金章宗明昌二年（1191 年），始"诏罢契丹文字"。一种文字虽然不会随着一纸诏书的颁发而立即灭绝，但既然政府禁用，会认此种文字的一代人死光之后，契丹文字遂逐渐成了无人可识的死文字。用契丹文字写的书籍也随着时光的流逝而荡然无存。仅有五个因辗转翻刻而面目全非的契丹字留在了宋人王易的《燕北录》上。

　　现存传世的契丹文字资料全部都是失传七八百年之后于 20 世纪陆续出土的或被发现的金石资料。由于世无识者，即使把契丹文字摆到大学问家面前，也均"有眼不识泰山"。例如刻于唐乾陵前无字碑上的《大金皇弟都统经略郎

君行记》的前五行是契丹小字，从明代的赵崡到清代的王昶、毕沅、钱大昕和现代的武伯伦等大金石学家均把碑中的契丹小字误认为是女真文字。连是什么文字都搞不清，当然是"一字不能辨"（赵崡语），即一个字也不认得。

民国初年，军阀混战，吏治腐败。凡吏治腐败之世，必然盗墓成风。1922 年，位于现在内蒙古自治区巴林右旗（"旗"相当于汉族地区的县）索博日嘎镇瓦林茫哈（蒙古语"瓦砾滩"之意）地方的辽庆陵（陵区内共有辽圣宗、辽兴宗和辽道宗的三座陵墓）被盗。这个消息传到了当时正在热河省林西县浩珀都村教堂（今内蒙古自治区林西县大营子乡的天主教堂）传教的比利时传教士凯尔温（L. Kervyn，汉名"梅岭蕊"）的耳中，他立即赶往现场考查。

凯尔温（1880—1939 年）

1922 年 6 月 21 日，凯尔温在辽兴宗耶律宗真与其仁懿皇后的合葬陵墓（永兴陵，俗称"中陵"）中掘出了辽兴宗皇帝的契丹小字和汉字哀册各一盒，以及仁懿皇后的契丹小字和汉字哀册各一盒。凯尔温由于不谙捶拓之法，遂雇用当地汉人以五日之力逐字抄录之。原石仍埋入陵墓之内，至今未动。

仁懿皇后的契丹小字哀册的手抄本影印后发表于 1923 年法文版的《北京天主教会杂志》（*Le Bulletin Catholique de p'ekin*）第 118 号上。法国的汉学家伯希和(P. Pelliot)又把它转载于《通报》(*T'oung Pao*) 1923 年第 22 卷。这就在学界引起了轰动,使世人在契丹文字失传七八百年之后,得见契丹文字的真面目。

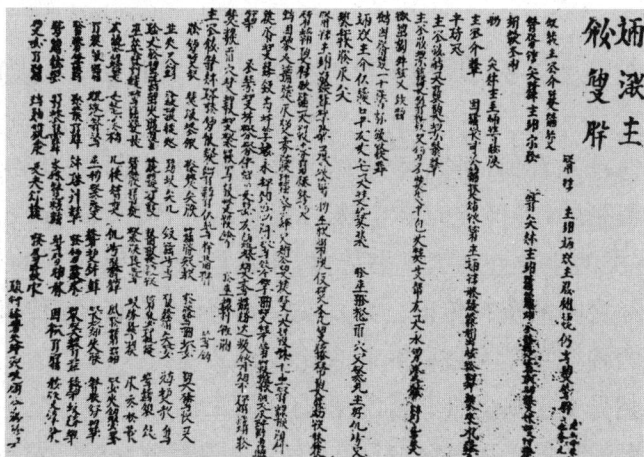

契丹小字《仁懿皇后哀册》手抄本

1930 年,当时热河省主席汤玉麟的儿子汤佐荣又组织人力对辽庆陵进行盗掘。从辽圣宗耶律隆绪的永庆陵(俗称"东陵")中掘出了汉字的辽圣宗和他的两个皇后的哀册各一盒。从辽道宗耶律洪基的永福陵(俗称"西陵")中掘出了辽道宗的契丹小字与汉字的哀册各一盒,宣懿皇后的契丹小字和汉字哀册各一盒。还从永兴陵中掘出了仁懿皇后的汉字哀册篆盖一件。他们把这些契丹小字和汉字的哀册及哀册篆盖共 15 石悉数用羊毛毡裹好捆以马尾绳全部运往沈阳的汤氏私邸院中存放,还没有来得及打包就发生了"九·一八"事变,遂使这批稀世珍宝落入了伪满当局手中,现归辽宁省博物馆收藏。

□6．对现代学者研究契丹文字的总结

对契丹文字的现代学者研究状况，刘凤翥也一一进行了总结。

他首先看到，研究契丹文字比较难，因为西夏文字有当时人编纂的《蕃汉合时掌中珠》《音同》(亦译作《同音》)、《文海》之类的字典性的工具书传世，而且还有蕃、汉对译的碑刻和佛经之类的资料传世。女真文字则有《女真译语》传世，所以这两种文字学习或研究起来比较容易入门。

契丹文字则全然不同，它没有任何工具书可资参考。在所有传世的契丹文字资料中只有《大金皇弟都统经略郎君行记》是契丹文字与汉字对译的。解读契丹文字极为困难。当契丹字哀册于1922年刚出土时，可以说没有任何人能够认识哪怕一个契丹字。

日本京都大学校长羽田亨于1925年在《史林》第10卷第1号上发表了全世界第一篇研究契丹文字的文章——《契丹文字的新资料》。它的最大贡献是通过对比，首次正确指出《大金皇弟都统经略郎君行记》上的前五行字是契丹文字而不是女真文字。中国最早研究契丹文字的学者是罗福成、王静如、厉鼎煃三人，他们于1932至1935年间，掀起了一股研究契丹文字的热潮。其所用释读契丹文字的方法可用"比较法"三个字加以概括。

所谓比较法，就是拿契丹文字哀册同汉字哀册进行比较；或在各个契丹字哀册之间进行比较；或拿契丹文字哀册同册盖进行比较；或把个别契丹文字与汉字史书中所记录的个别契丹文字进行比较等。通过这一系列的比较,他们终于"比"出了契丹字中的一些年号、干支、数目字、年月日、皇帝、皇后、哀册、大金等共约70余个单词。这个时期的有关契丹文的重要著作是金毓绂编纂的、由伪满奉天省公署于1934年出版的《辽陵石刻集录》。

20世纪50年代初,契丹文字的研究中心因故转移到日本。从1951至1956年间,日本的田村实造、小林行雄、山路广明、村山七郎、长田夏树、爱宕松男等人又一次掀起了契丹文字的研究高潮。他们的研究重点是把中国人已经在30年代认出的契丹文字尽可能地给读出音来。庆陵哀册式的契丹文字(即契丹小字)每个字(即单词)是由一至七个不等的发音符号(当代学者称这种最小读写单位的符号为原字)拼成。日本学者基本上是用蒙古语和满语来念契丹文字的方法给原字构拟音值。契丹语和蒙古语是同属阿尔泰语系蒙古语族的两个不同的语言。有些单词两者读音相同或相似,另一些单词的读音两者则不相干。

日本学者借助蒙古语或满语给契丹原字拟的音,有的拟对或接近拟对了,有的则拟错了。后经验证,当时拟对或接近拟对的原字音值约有30个。这个时期有关契丹文字的代表作是田村实造和小林行雄于1953年出版的两巨册《庆陵》一书。

有了以上的阅读和学习,刘凤翥对契丹文字的自学研究也渐入佳境,他对此是这样总结的:

> 我在"五七干校"中对契丹文字有了一个大致如上述的了解之后,对各家之说逐步提高了鉴别力,能够分辨出哪个人的哪一点是对的,哪一点是牵强附会甚至错误的,充分吸收前人的一切成果,以作为自己前进的基础。我还尝试着做些解读工作,我在"五七干校"终于解读出契丹小字《大金皇弟都统经略郎君行记》中的**主用**

[契丹字][契丹字]为人名"黄应期",[契丹字][契丹字] [契丹字][契丹字] [契丹字][契丹字] [契丹字][契丹字] [契丹字][契丹字] [契丹字][契丹字]于义分别为"尚""书""职""方""郎""中",是汉语借词官名。[契丹字][契丹字] [契丹字][契丹字] [契丹字][契丹字]于义分别为"唐""乾""陵",为汉语借词地名。从而知道[契丹字]音 huang,[契丹字]音 ying,[契丹字]音 q,[契丹字]音 i,[契丹字]音 sh,[契丹字]音 ang,[契丹字]音 sh,[契丹字]音 u,[契丹字]音 zh,[契丹字]音 fang,[契丹字]音 l,[契丹字]音 zh,[契丹字]音 ong,[契丹字]音 t,[契丹字]音 q,[契丹字]音 an。而且做到了一通百通。[契丹字]音 l,它在哪里都音 l,例如[契丹字][契丹字]（郎）、[契丹字][契丹字]（陵）。又如[契丹字]音 ang,它在哪里都音 ang,例如[契丹字][契丹字]（尚）、[契丹字][契丹字]（郎、廊）、[契丹字][契丹字]（唐）。[契丹字]音 ying,它在哪里都音 ying,例如[契丹字]（应）、[契丹字][契丹字]（陵）。我终于找到了解读契丹小字资料中用汉语借词来构拟契丹原字音值的方法。这在当时确实是了不起的重大进展,之所以如此,一言以蔽之"反复阅读"4个哀册而已,熟能生巧,笨鸟先飞,此之谓也。我的契丹文字知识不是从课堂上听来的,也不是哪位老师教给我的,而是在"五七干校"自学的。

□7．最初研究的进展

1972年8月,根据周恩来总理的批示,学部"五七干校"撤销。刘凤翥随中国科学院哲学社会科学学部全体人员返回北京。从而结束了将近3年的学部"五七干校"生活。回到北京的刘凤翥仍然继续坚持自学契丹文字。虽然还是处于"地下"式的学习,但环境的改变,一下就让刘凤翥的学习状态比在"五七干校"期间丰富了许多。他回忆说:

契丹文字研究首席专家

刘凤翥传

我经常可以借机去设在城内考古所院内的中国科学院社科图书馆借书或看书,继续翻阅和抄录我以前所不掌握的有关契丹文字和女真文字的资料。《辽陵石刻集录》就是从该馆借出来回家抄录的。《庆陵》作为善本不外借,只好在馆内阅读摘要(两巨册的页码太多,无法全文抄录)。我还从王静如先生处借到了日本山路广明的1951年油印本《契丹语研究》第一辑,抄录后立即译为汉文。我还从王先生处转借到北京大学宿白先生收藏的李文信发表于1942年伪满《国立中央博物馆论丛》第三册上的《契丹小字〈故太师铭石记〉之研究》的抽印本,我不仅抄录了此文,还去照相馆翻拍了该文中的《故太师铭石记》的拓本照片。

刘凤翥还从北大毕业后分配在辽宁省博物馆工作的高中同班同学李恭笃手中得到了一张1969年出土于翁牛特旗毛布沟村的契丹小字《故耶律氏铭石》的拓本。拓片虽然拓得并不太好,但刘凤翥很高兴,因为这是他拥有的第一份契丹字墓志拓片,可以说意义非常重大。而且拓片字字都能看清,也让他很容易地释出了该墓志中新出现的年号"天庆"和汉语借词"太祖皇帝"等契丹小字。

李恭笃同学还陆续给刘凤翥寄来了喀剌沁旗出土的"宝坻官"契丹小字铜镜铭文拓片和1964年出土于辽宁省朝阳县的契丹大字《耶律延宁墓志》的拓本照片。这让刘凤翥掌握了尚未发表的契丹文字新资料。

得知苏联在20世纪60年代初期也发表了几篇关于契丹文字的文章后,刘凤翥又委托同学和亲戚分别翻译了发表在《苏联民族学》1963年第1期上的《契丹文字问题》及《亚非民族》1963年第1期上的《契丹文字试读》等文章。这样通过去

图书馆查阅和请朋友帮忙等方法,刘凤翥断断续续地花去了大约十年的工夫。虽然为此付出了大量的精力和时间,却让他成为当时手中掌握契丹文字学术资料最多的人。

有了丰富资料的刘凤翥更是一面收集资料,一面进行研究。不久,他已能从众说纷纭的诸说中理清庆陵哀册的契丹文字为契丹小字,锦西西孤山村出土的《萧孝忠墓志》的契丹文字为契丹大字。这种由金毓黻、金光平、曾毅公等人提出来的观点,由于说理不充分,所以反对意见一直存在。而经过刘凤翥的阐发和辨证后,很快就得到了国内外学界的一致认同。

这让刘凤翥很受鼓舞,虽然此时"文革"还没有结束,但他却由此看到了希望。接下来他又做了一个大胆决定,把手中的契丹文字资料进行编辑后再油印散发,因为这样不仅可以让学术界更多的有关人士了解契丹文字的研究状况,还可以彼此互通学术信息。散发油印资料后不久,刘凤翥就得到了不少赞扬、鼓励,还收到了很多资料,认识了很多朋友。刘凤翥感到很有收获。

油印契丹文字资料时,刘凤翥从单位借出钢板,领出蜡纸,把编好的资料先请妻子刻写(他认为妻子的字写得比较好),从单位领出白纸裁开后,再由妻子拿到她所教书的中学油印完成。这个过程从1973至1975年前后进行了两年半的时间,再加上他的同事于宝麟的加入,一共刻了三册的蜡纸,总共油印完成了《契丹大字资料汇辑》《契丹小字资料汇辑》《契丹大字资料汇辑续补》《契丹小字资料汇辑续补》《契丹文字问题译文集》(一、二册)等六册资料。

其中每类资料最少印了20多份,最多印了40多份。他把这些资料陆续散发给了领导、知名专家及好友侯方若、翁独健、傅懋勣、苏秉琦、金启孮、罗福颐、李文信、阎万章、陈述、王静如、李恭笃、郭大顺、林沄、道布、孙进己等人,还散发给了北京图书馆、中国科学院社科图书馆、中央民族学院图书馆和民族研究所图书馆等单位。

刘凤翥向这些人和单位散发契丹文字资料自然有他的目的。一方面他想制造一种声势，公开宣布他已开始了"地下"学术研究工作，另一方面他也想试探一下本单位领导和外界同行对他这种在运动中抓紧时间搞业务的反应。当然他也有与同行沟通，敬请前辈指教的想法。

果然，资料散发出去之后，效果非常好。刘凤翥不仅受到有关同志和单位的赞扬与鼓励，还从一些知名专家处反馈回一些资料。像罗福颐先生就回赠了他一份原存故宫的刻在一个玉魁上的契丹文字的铭文拓片，以及罗福颐先生亲自撰写的大作《契丹国书管窥》一文的抽印本。关于那个刻有契丹文字的玉魁，还要说上一笔。它原存清宫内府，上面镌刻乾隆皇帝的御笔题跋。后流落宫外，20世纪初叶被美国人福开森购去。刘凤翥和学界同行原来一直误认为玉魁已经流落国外，直至2004年7月26日晚上，在赤峰市政府招待出席中国北方古代文化学术研讨会第三次会议代表的宴会上，南京大学来的代表徐琳同志告诉刘凤翥，玉魁现存南京大学博物馆。福开森是金陵大学的创办者，也是金陵大学的校长。他离开金陵大学时，把玉魁留给了金陵大学。解放后，金陵大学合并于南京大学，玉魁遂归属了南京大学。

后来，罗福颐先生还送给刘凤翥我一份女真文字《奥屯良弼饯饮碑》的拓片和一份白城出土的契丹大字符牌拓片，还有西安碑林出土的女真文字残页照片。同时罗福颐先生还借给刘凤翥他所辑的《不可知印印样汇辑》（其中大部分为契丹大字印）的原稿和贾敬颜先生所藏的契丹大字金代《李爱郎君墓志》拓本的照片供他参考。此外金启孮先生不仅给

刘凤翥回信勉励,还送给他一份契丹大字铜钱拓片摹本和一份他父亲金光平先生的大作《从契丹大小字到女真大小字》的抽印本。林沄是刘凤翥的同学,他也回赠了一些在"文革"时,吉林省文物普查中暂时划归吉林省管辖的原内蒙古自治区的哲里木盟及科右前旗等地发现的刻有契丹文字和女真文字的摩崖墨书摹本。此外,林沄还把此前刘凤翥不知道的沙夫库诺夫发表于《东方铭刻学》1963 年第 15 期上的《契丹女真小字解读问题》亲自翻译为汉文给他寄来。

这一次散发油印的契丹文字资料,让刘凤翥收获很大。因而回忆起来,他高兴地说:"油印本不仅没有招来麻烦,还换回了一些珍贵资料,并结交了一批良师益友,远远地超出了我的预期。"

罗福颐先生赠送的《奥屯良
弼饯饮碑》拓本

第五章　踏上契丹文字研究的征程

□ 1. 契丹文字研究小组成立

1975 年 8 月,中国科学院民族研究所开始恢复业务研究工作,刘凤翥向所里领导提出研究契丹文字的申请也得到了批准。从此,原来一直在"地下"搞"业务"的刘凤翥终于正式开始了终身研究契丹文字的工作。

得知刘凤翥正式展开契丹文字研究工作后,原来就曾与他联系过的内蒙古大学副校长清格尔泰先生就立刻来到民族研究所。原来,在这之前刘凤翥散发的一份油印契丹文字资料辗转到了清格泰尔先生手中,他看完之后很欣赏。遂于 1975 年春季亲自来到民族研究所找到刘凤翥商议合作研究契丹文字事宜。

当刘凤翥告诉清格尔泰先生民族研究所的工作还没有恢复时,他立刻说,那咱们就先"地下"合作,待学部恢复工作时咱们再正式合作……同时他还叮嘱刘凤翥说,以后再油印资料时,要送给他一份,他弄到新材料也送来一份,要互通信息。

与刘凤翥交流了对研究契丹文字的一些想法后,清格尔泰先生又对他说,50 年代初期,他曾在民族研究所民族语言研究

室前身中国科学院语言研究所少数民族语言研究室工作过一段时间,是研究蒙古语的。当时他就想到契丹语可能与蒙古语有密切关系,如果把记录契丹语的契丹文字解读了,可使参考的蒙古语资料提前好几百年,因此想研究一下契丹文字,可是还没有什么成果的他就被调往内蒙古大学任职了。

一直想研究契丹文字的清格尔泰先生,20世纪70年代初期着手收集资料,那时内蒙古大学已恢复工作。他先是找到了史学家邓之诚的女婿林大梽,让他专门在北京各大图书馆查阅和抄录有关契丹文字的资料。接着又从内蒙政协借调了早年毕业于日本早稻田大学法律系、国学基础又好的邢复礼先生专门把林先生抄录的日文资料译为汉文,同时着手搭配研究班子和寻找合作伙伴。

一听说中国科学院民族研究所恢复业务工作后,清格尔泰先生立即拿着单位介绍信又一次来到民族研究所找到刘凤翥,并与他谈起了合作研究契丹文字的事。刘凤翥自然是毫不迟疑,马上领他去见了所里领导侯方若。当时的侯方若是中国科学院民族研究所分工主管民族历史研究室工作的党总支委员兼历史研究室党支部书记。结果,他们二人商谈得非常顺利融洽,并作出最后决定:即先由两个单位的有关人员开个座谈会,就一些问题交换一下意见。

1975年9月10日,中国科学院民族研究所与内蒙古大学蒙古语文研究室合作研究契丹文字的座谈会在民族所召开。民族所的党总支副书记陈化香、党总支副书记兼科研组组长谭克让、历史研究室党支部书记侯方若和历史研究室党支部委员杜荣坤,刘凤翥(业务人员)、于宝麟(业务人员)、罗美珍(科研组成员),内蒙古大学副校长清格尔泰、陈乃雄(业务人员)、新特克(业务人员)出席了此次会议。

　　会议中,民族研究所与内蒙古大学就合作研究契丹文字的意义、步骤、前景以及物资保证等事项交换了意见,并达成共识。会后由陈乃雄根据会议记录整理出一份座谈会纪要,报各自的上级主管单位备案,以作为双方合作研究契丹文字的文字依据。根据纪要,成立了由清格尔泰、刘凤翥、陈乃雄、于宝麟、邢复礼组成的契丹文字研究小组。

　　会议结束后,刘凤翥又向因故没有参加这次会议的民族研究所党总支书记黄洛峰作了口头汇报。黄洛峰书记对他说,以后发表研究成果如果署名是单位,要把民族研究所放在前面,内蒙古大学放在后面;如果署名是个人,清格尔泰第一,第二个是你,第三个是内蒙古大学的,第四个是民族研究所的,这样一边一个地排。

　　契丹文字研究小组正式成立后,契丹文字的研究也开始在中国学界步入正轨并逐步发展。因此刘凤翥回忆说:"在中国开始了有组织、有计划、集体研究契丹文字的高潮,至今犹方兴未艾。也决定了我终生的学术道路。"

从左至右依次为陈乃雄、刘凤翥、清格尔泰(1996年摄)

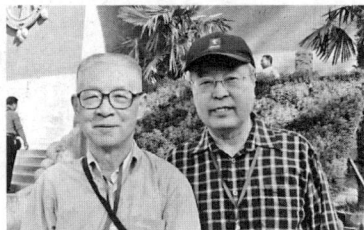

刘凤翥(左),于宝麟(右)(2010年8月29日摄)

2. 第一次拓碑

　　契丹文字研究小组的成立,无疑标志着刘凤翥一直热衷

的契丹文字研究工作已正式开展。而他第一步要做的收集契丹文字原始资料的工作，也从拓制碑刻开始。于是就有了刘凤翥向金石世家罗福颐先生的请教，也有了他河北保定、辽宁省沈阳、阜新、赤峰等地的第一次拓碑之行。

（一）向罗福颐请教拓碑技术

根据研究小组的计划，首先要做的应该是收集契丹文字的原始资料，具体说就是拓制有关碑刻。但在研究小组成员中，只有刘凤翥粗通拓碑技术。刘凤翥觉得自己那点技术的水平实在太低，拓出的拓片质量太差，所以必须向行家请教。向谁请教呢？刘凤翥首先想到了金石世家罗福颐先生。罗福颐（1905—1981 年）是著名的"甲骨四堂"雪堂罗振玉第五子。刘凤翥曾经读过罗福颐的《满洲金石志》《辽金文字仅存录》等著作。

于是，知道了罗福颐的工作单位后，刘凤翥立即给他写了封信，并把他油印的一些有关契丹文字的资料一并寄去请求指教。从此之后，刘凤翥与罗福颐开始书来信往，及至结成了忘年之交。

为了学习拓碑技术，刘凤翥还亲自登门罗福颐家中当面向他请教。那是 1975 年 9 月的一天晚上，刘凤翥带着他在拓碑中遇到的"在晴隆拓碑实践中经常出现的墨色终是黑一块白一块的有时还把字口给淹了"以及"未等拓完往下揭，纸就自行脱落"两个问题找到了罗福颐。没想到罗福颐只简单地问了他几句话，就总结出以下几点：

第一，往纸上拍墨的工具叫拍子，亦称扑包儿。你所用的拍子不合格。不是用布包上棉花就行了，因为墨都让棉花吸走了。往上拍时，不使劲儿，纸发白不上墨；一使劲儿，墨就挤出来了，从而把字口也弄黑了。纸上的墨太多了也容易渗透到纸下面去,墨有胶性,透过去就把纸给粘在碑上了,揭不下来。棉花仅仅起个弹性作用,不能使棉花沾上一点儿墨。这就得设法使棉花与外面的几层布隔离。

有塑料薄膜的话,这个问题就好办了。解放前都是用油纸先包棉花再包布,用不了几次油纸就破了,又得重新修理。现在先用塑料薄膜把棉花包好,用绳子扎住封口,要把棉花包得紧一些才好使,不要松松垮垮的。然后再在外面裹上三四层棉布,用绳子把封口捆牢,多余的布可用绳子缠一下,做拍子的柄。最少得做两个拍子,往一个拍子上抹一点墨,再用另一个拍子擦一下,不要使墨太多,轻轻地往纸上拍,不黑没关系,一遍一遍地拍,越拍越黑,千万别使墨透过去,直到拍得黑白分明就可往下揭了。

第二,没等拓完,纸就往下脱落的原因有多种,碑刻的石质光华细腻,字刻得浅者纸易脱落;碑是立着的而不是平卧的时候,纸亦容易脱落。天太热,有风,字口中有气体,热胀冷缩,字口中的气体一遇热就膨胀,一膨胀就把纸给顶下来了。夏季在阳光下操作最容易发生这种情况。拍墨时老在一个地方拍,拍子上的墨有胶性容易把纸给沾下来。

防止纸脱落的最好办法是用白芨。白芨是一味中药,可去中药店买2—3两就够用好些日子的。很便宜,买2角钱的就够用。白芨面和白芨块都行。拓碑时,如同沏茶似的先把白芨用开水沏开,往碑上刷一层白芨水再往上铺纸,这样既保证纸不脱落,也能揭得下来。有人不懂得用白芨,而是用稀释的胶水或糨糊来固定纸,火候很难掌握,不是沾不住就是揭不下来,不如用白芨可靠。当然白芨也不是万能的。

尽量不在大热天去室外拓立着的碑,要选择合适的季节和气候去拓碑。捶碑时一定把字口上的纸捶实,不要使字口

中有空气。上墨时，拍一下就挪地方，不要老在一个地方拍。多实践几次就能掌握如何使纸不脱落的火候了。拓碑用的宣纸都应是易吸水的生宣，不要用熟宣。根据碑上所刻文字的大小及笔画的深浅要用不同的纸，笔画深而又文字大的用双宣，笔画浅而又文字小的用单宣。如果拓甲骨文之类的东西，单宣也太厚了，拓不出来，得用粉连纸。

罗福颐的一席话，让刘凤翥受益匪浅。于是回来后他就开始置办拓碑的工具和物品，接着由此从民族研究所文物室借出来一块石碑反复练习了几遍，结果还真是挺有长进。

（二）在保定巧遇拓碑行家张学考

张学考是河北省文物管理处专门负责拓碑的行家。刘凤翥在保定巧遇到他，还是源于1973年《考古》第5期上发表的河北省文物管理处郑绍宗关于契丹小字《萧仲恭墓志》的文章。萧仲恭是随同辽朝末代皇帝耶律延禧一起被金兵俘获的契丹人，他的母亲是辽道宗第三女越国公主特里。萧仲恭降金后官至"行台尚书省左丞相"，《金史》有传。《辽史》中也记载了他本人和其先辈的事迹，这均有利于对该墓志上的契丹文字进行解读。

刘凤翥结识了郑绍宗后得知，萧仲恭墓位于河北省兴隆县阎杖子公社梓木林子村。郑绍宗还说，他已在1972年把被盗后长期无人过问的萧仲恭墓志运到位于保定的河北省文物管理处保存。同时告诉刘凤翥，可以在适当时机去自行拓制该墓志的拓片。

于是，刘凤翥和于宝麟决定外出拓碑后，首先就选定了去保定拓制契丹小字《萧仲恭墓志》。他们在1975年9月的一天与所里同事白滨一起出发前往保定。为了稳妥起见，临行前刘凤翥还特地给郑绍宗写了一封信。到了保定后，却赶上郑绍宗出差了。

文物管理处的李处长对刘凤翥说："郑绍宗出差了。他临走前跟我打了招呼，就送给你们一份《萧仲恭墓志》拓片好了，免得你们费事自己拓。"李处长说完就把装在纸袋子中的一份《萧仲恭墓志》拓片递给了刘凤翥。

李处长自然是一片好意，但刘凤翥还是觉得自己亲自拓一份最好。于是他对李处长说："我们与内蒙古大学合作研究契丹文字，为了工作的方便，两个单位都应该有收藏。如果方便的话还是允许我们再拓一份为好。"李处长听了，也很爽快地说："得找几个力气大的人把《萧仲恭墓志》从码放墓志的堆中取出来，搬运到一个宽敞一点儿的地方才能拓。我找人去办，你们明天上午来拓。"

回到旅馆后，刘凤翥立即打开李处长赠送的那份《萧仲恭墓志》拓片开始摹录。他看到，拓片分志盖和志文两张。志盖好比书的封面，仅有 9 个大字；志文共 50 行，约 2440 个字，全部都是契丹小字，一个汉字也没有。这是王静如先生根据墓主卒年和享年岁数考订出墓主人为萧仲恭的。

第二天早饭后，刘凤翥一行 3 人带着拓制工具和物品赶往河北省文物管理处。到那儿一看，刘凤翥北大的同学金家广已在那里等他们了。金家广先领他们到后院堆放墓志的地方，看到几个年轻人正在往外搬运萧仲恭墓志。刘凤翥看到与萧仲恭墓志堆放在一起的还有辽末降金的汉人时立爱等人的汉字墓志。

金家广又把他们领到冀克武先生的办公室内喝茶，热情的冀先生得知刘凤翥一行人对拓碑技术还不太在行后，就对他们说："萧仲恭的墓志比较大，而且还有志盖。你们大老远地来了，既然拓就得拓得好一些。如果没有人帮助你们拓，

恐怕一天也拓不完,也不会拓好。"并对金家广说:"得找个人帮助他们一下。"

于是,金家广很快领来一位约 30 岁的人,向刘凤翥他们介绍说:"这位是我们单位专门拓碑的张学考同志。请他帮助你们拓。"互相寒暄之后,张学考先生立即切入正题。只见他先用热水把刘凤翥带来的白芨泡好,接着就问:"纸闷了没有?"当时的刘凤翥还不知道拓碑之前必须先把纸闷透了,更不知什么叫"闷纸"。所以后来刘凤翥回忆说:"张先生见我连什么叫'闷纸'这句拓碑行话都不懂,就断定我是一个'二把刀'。"

于是张学考就从把宣纸放在一张大桌子上对折开始教,一面指给他们看一面对他们说:"不要对齐,要错开一点儿,以便等会儿好揭开。"就这样一直到折成长宽约 10 厘米正方形的形状,每次对折时亦错开一点。叠好四张纸后,又依次放入水中一蘸立即取出来平放在湿毛巾上,把四张湿纸包好。

一直到这时,张学考才腾出时间对他们说:"宣纸一遇水就膨胀,水多的地方膨胀得大,水少的地方膨胀得小。膨胀不均纸就不平,不平就容易起褶子。为了使拓出来的拓片不起褶子,必须用开水先把纸闷透了。如果没有开水,凉水也行,那要闷的时间长一些才能闷透。湿纸放在湿毛巾内,水多的地方往水少的地方走。纸中的水分如果不够还可吸收毛巾的水分。如果纸中的水分太多,可被毛巾吸走一些。每间隔十分钟把毛巾拧一下。如果拧出水来,说明纸中的水多,被毛巾吸出来了,拧完了再包上,待会儿再拧,直至拧不出水来为止。如果第一次就拧不出水来,说明纸中的水分少,应把毛巾放入水捞出来拧一下,这时不要拧得太紧,使毛巾中保留的水分多一些,以供纸吸收,然后用含水分多的湿毛巾再把纸包上。这样反复,直至纸中的水分不多也不少。包内的纸不可太多,三至五张即可。要不时把包内的纸换一下位置,中间的拿到外层,外层的放入中间,以利于水分互相吸收。约1小时纸就闷透了。多操作几次就能掌握怎样才能把纸闷透的火候了。"

张学考这番"闷纸"的大道理直把一行人说得瞠目结舌,钦佩不已。刘凤翥更是自愧,来之前自以为跟向达先生和罗福颐先生学了拓碑技术,而且出发前还进行了练习,技术已经过关了,实际上自己仍然是门外汉。

看到刘凤翥他们带来的拓制工具太落后,张学考就去他的办公室取来一个装裱用的棕刷和一把约有一尺半长柄的大猪鬃刷子以及一瓶中华墨汁,接着又打来一盆清水,拿来一块抹布,亲自带领刘凤翥一行人开始拓碑了。

张学考先用湿抹布把依墙立好的志盖和平放着的志石擦了几遍,然后对他们说:"拓之前必须用清水把碑刻刷一下或用抹布擦几遍,使灰尘都去掉,如果字口中有泥要剔出来。这样拓出的拓片才清楚干净。再说,此墓志为砂岩质,吸水性很强,用湿抹布一擦,既干净又让石头吸收了一些水分。这样上纸时,纸就不容易干得太快。"

张学考又往墓志上刷了少许白芨水,接着又用抹布擦掉。刘凤翥就问:"为什么把刷上的白芨水又擦掉?"他说:"看似擦掉了,实际上没有擦掉,只是摊平而已,不使墓志上有水汪着,以免上纸时纸一吸白芨水又起褶子。像这种砂岩质平放着的墓志不用白芨也行,但还是用一点儿比较保险。"

张学考开始逐层揭开闷好的纸,于是像布一样结实的湿纸很快揭成单张平铺在墓志上。这时刘凤翥才发现,由于墓

志是正方形的,所以纸的长度有余,宽度不够。只见张学考把多余的长度撕下来仍折叠好放入湿毛巾内备用。他说:"不够宽没关系,等会儿可以接补。先把铺开的这张纸上好。"

这是刘凤翥头一次听说纸不够宽还可以接,但他不知怎么接法,又不便多问,只好继续看着张学考接着把平铺在墓志上的湿纸抻平,又用棕刷把纸刷得更平。经棕刷这么一刷,纸下的空气被赶走了,纸也就很自然地贴到墓志上了。

张学考一面刷,一面指给他们说:"棕刷一定要斜着刷,不能把刷子立在纸上刷。以免把纸刷破。"又把边沿上多余的2寸纸折到墓志侧面去,纸下刷些白芨水,用棕刷把纸刷在墓志侧面,刷平粘好后,又对他们说:"把四边的纸粘牢最重要,免得未能等拓完风从边上往纸下进,把纸给拱下来了。现在可以接纸了。接茬处的纸必须把纸边撕掉,不要齐茬接。两张毛茬的纸容易接在一起不开裂,也好看。不是内行人看不出接补的痕迹。"他一面说,一面把等待接茬的纸边撕掉约1厘米宽,又把另一张纸揭开成单张,撕掉接茬的纸边和多余的纸,搭在原先铺上的那张纸的接茬处,两张纸的衔接处约有1寸宽的纸重叠。再用棕刷刷平,粘好四边。这样就算完成了上纸的工序。

张学考又说:"待拓好后往下揭时,一定要先揭先上的那张纸,即接茬处在下面的那张纸,这样就把后上的纸一起带下来了。不要先揭后上的纸,那样会把接在一起的纸揭开。"他又用棕刷反复刷接茬处和接在一起的纸。他说:"越刷越平,不使起褶。"

上好纸后,张学考就用大猪鬃刷子使劲儿砸纸,并说:"刷子要平着下去,立即平着抬起来。下去之后要稳,不要产生往前推或往后拉的现象。否则容易把纸弄破。"很快,字口中的纸都打得陷下去了,而且都着了地,字口中也没了空气。打完之后,张学考又用棕刷把被猪鬃刷子打出来的一些纸毛毛刷掉。同时告诉大家说:"等晾干了纸就可以上墨了,但也不必太干,有八九分干就行了。纸湿容易洇,纸太干了拓起来费劲儿。"

用同样的方法,张学考又把纸上到志盖上,并用猪鬃刷子把字口和花纹处的纸砸得陷了下去。志盖不是平面的,呈覆斗形。所以四个斜面的分界处也就是四个角必须把纸撕开先把一个侧面用棕刷刷平,拐角处把多余的纸折到另一个侧面去,另一个侧面多余的纸与之搭上。四个角都这样折好后。张学考又叮嘱他们记住接茬处哪面的纸在下,哪面的纸在上。拓好后往下揭时一定先揭接茬处纸在下面的。

一番操作后,纸晾干了,开始上墨了。仍然是主要由张学考操作。他教,大家学着干。金家广也帮着我们往上拍墨。张学考一边操作还一边叮嘱说:"拍子上的墨一定要少。不怕墨少,就怕墨多。墨多了一拍子下去拍洇了就没有救了。墨要一遍一遍地往上拍,不要使劲儿太大。正规的拓片要上 60 遍墨才能拓好。慢工出细活。鉴定拓片好坏要先反过来看,如果拓片背面全是白的,没有洇过去的地方为初步合格。倘若黑一块、白一块的为不合格。最后看拓片正面,必须黑白分明,该黑的地方一色黑,没有黑灰相间的情况,该白的地方例如字口或碑上画的道道要一色白,不允许蹭上哪怕一点儿墨,这样才算完全合格。"

五个人一直到中午下班时才上了差不多 40 遍墨。本来还想下午再上墨,不想天上突然掉下几个小雨点儿。张学考忙说:"赶快往下揭。"很快拓片揭下来了,虽然还差几遍墨,

但在外行人看来已经非常理想了。

整个过程，除了上墨是刘凤翥一行人曾经参与外，都是张学考帮着干的。刘凤翥很受感动，他回忆说："张学考不仅帮我们干了活儿，还毫无保留地向我们传授了拓碑技术。内蒙古大学现在收藏的《萧仲恭墓志》拓片就是当年张先生帮我们拓的那份。"

这以后连着四天，刘凤翥都去文管处对照原石校对摹本。有时需蹲在地下，有时需趴在墓志上，虽然非常辛苦，他却乐在其中。总之，第一次去保定拓碑，让刘凤翥取得了不小的收获。因此回忆起来，刘凤翥仍然十分愉快："校对摹本的几天十分辛苦，在文管处工作又住在楼内。比我高两届的北大同学姚婉贞大姐怕我着凉，给我拿了一个椅垫子用。我每次去了，她总是沏一杯热茶放在我旁边，关怀备至。其间我还认识了在文管处工作也住在院内的苏秉琦先生带过的研究生胡人瑞同志。我还利用晚上时间，去张学考先生府上拜访了几次，他又教给我怎样拓钱币和铜镜，以及球形物品怎样上纸等。保定之行，收获巨大。拓来了拓片，学到了技术，遇到了旧相识，结交了新朋友。真可谓首战告捷。"

（三）初赴沈阳拓哀册

辽宁省博物馆是契丹文字资料的重点收藏单位，收藏了全部已经出土的庆陵哀册。于是在这一年的 10 月，刘凤翥又和于宝麟乘火车奔赴沈阳开始了他们又一次的拓碑之旅。沈阳是刘凤翥童年时曾经跟随伯父生活和学习过的地方，28年后旧地重游，他不由感慨万千。

虽然很多大街都改了名字，但他们仍然很快找到了省文化局，并得到了该局韩处长给他们批转去辽宁省博物馆和昭乌达盟（今赤峰市，当时暂归辽宁省管辖）的介绍信，同时还为他们联系好了住处。巧的是,他们的住处离当年伯父带着刘凤翥看京剧的南京大戏院(现"东北电影院")很近,辽宁省博物馆则离他伯父曾工作的单位很近,更让刘凤翥感到处处都有旧地重游之感。

到了辽宁省博物馆后,他们整日都在辽宁省博物馆西院碑棚拓碑。中午就在辽宁省博物馆的食堂吃饭,经常是窝头熬白菜。晚上就在旅馆中研墨,修理拍子和摹录拓片。第二天再将所有摹本对照原石校对一遍。十几天的时间,他们先后拓制了辽道宗皇帝耶律洪基的汉字哀册和契丹小字哀册,宣懿皇后的汉字哀册和契丹小字哀册,契丹小字《萧高宁·富留墓志》残石,萧孝忠的汉字和契丹大字墓志,契丹大字和汉字共刻一石的《耶律延宁墓志》。汉字和契丹文字的哀册与墓志共有8石,加上4份有盖的哀册,总共有12石。他们对每石都拓了5份,总共约60张。他们把拓得最好的交了公,拓得差的留给了自己。他们这一次的辛苦付出,让民族研究所和内蒙古大学,以及刘凤翥和于宝麟都得到了收藏。

也是在这次拓碑的过程中,刘凤翥和于宝麟弄明白了墓碑、墓志和哀册的区别。原来,墓碑是立在墓外地面上的,多为长方形,有碑座或赑屃之类的趺驮着。墓志和哀册则都是埋入墓内的,多为正方形,平放在墓内。一般有类似书的封面的盖。墓志的盖称志盖,哀册的盖称册盖。皇帝、皇后和皇储的墓志专称哀册,其他官吏的则称墓志。墓碑、墓志、哀册均可笼统地称为碑刻。他们这次拓碑很有收获,刘凤翥回忆说:

　　我们这次拓制的资料中最有名的当属辽道宗皇帝及其宣懿皇后的哀册。辽道宗耶律洪基(1032—1101年),字涅邻,小字查剌,耸肩尖颐。重熙二十四年(1055

道宗的契丹小字哀册篆盖

年）即皇帝位，在位 47 年。他性格懦弱，固执任性，冲动而易怒，好释氏，1 年而饭僧 36 万人。清宁九年（1063年）七月，发生了皇太叔耶律宗元争夺皇位的叛乱。叛乱平定之后，辽道宗并没有吸取应经常细辨忠奸、不以一时一事论人的沉痛教训，反而使他产生了凡是参加平叛的人永远是忠臣，越是最亲近的亲属越不可靠的僵化思维模式。以致于对参加平叛的耶律乙辛特别信任，言听计从，从而酿成皇后萧观音、太子与太子妃被害死的历史惨剧。辽道宗死后，其孙（即幸存的太子耶律濬之子耶律延禧）即位，为辽天祚帝。天祚帝对他的祖母和父母的冤情均予平反昭雪，追封其祖母萧观音为宣懿皇后，与道宗合葬于永福陵。道宗和宣懿皇后各有两盒哀册，一为汉字，一为契丹小字。两种文本的哀册不是互相翻译的，而是各说各的。因而两盒契丹文字哀册至今仍有大部分内容尚未被解读。如果能把两盒契丹字哀册彻底解读了,对于了解辽代历史上涉及面最广,涉及人数最多的大冤案内幕肯定有所裨益。"

另外他们在这次拓碑中,先是登门拜访了住在博物馆院内的契丹大字研究先驱阎万章先生。接着又认识了博物馆文物工作队(今辽宁省文物考古研究所前身)的正、副队长姜念思、李庆发及队员冯永谦、王晶辰等许多新的朋友,刘凤翥觉得这也是他们此行的又一收获。

阎万章先生(1922—1996年)

他们在临行前的那天上午,去辽宁省博物馆辞行并致谢。辽宁省博物馆则为他们召集来二十多人开了个座谈会。刘凤翥应邀就研究契丹文字的意义、现有的传世的契丹文字资料、国内外研究契丹文字的历史和现状等问题作了一个即席发言,于宝麟作了补充。他们还回答了一些诸如"小原字既然是拼音符号为什么有几百个之多""七个原字组成的单词如何拼音""附加成分发不发音""表示宾格的附加成分是哪个原字"等问题。午饭后,他们又在辽宁省博物馆盖了几枚契丹大字铜印的印样。

长达十几天的沈阳博物馆拓碑终于结束了。对此次之行,刘凤翥说:"辽宁省博物馆当时所存的契丹文字资料不论是已经发表的还是尚未发表的,可以说都让我们给一网打尽了。"

（四）临时增加的阜新之行

按原计划，沈阳的任务完成后就该应去赤峰了。但在沈阳期间，一位因公出差来沈阳的阜新市文化局文物组的刘葆华听说刘凤翥一行人是收集契丹文字资料的，就立即对刘凤翥说，他们文物组刚在阜新市下辖的阜新蒙古族自治县卧凤沟公社白台沟生产队的流井沟处清理了一座辽墓，并出土了契丹文字墓志等文物。于是，经辽宁省博物馆李庆发副队长联系好后，刘凤翥一人出发直接先奔赴阜新市文物组准备拓制新出土的契丹文字墓志。

新出土的契丹小字墓志就放在新华书店的后院内，是从淤泥中抠出来的。由于刚从工地运回来没几天，墓志上的泥还没有干。文物组组长王云章和组员欧阳宾帮忙打来几桶水，刘凤翥用刷子一番洗刷后，墓志和志盖终于露出了"真容"。

他看到，志盖为正方盝顶形，已残。中央台面正中阴刻楷体汉字为两行六个大字："辽许国王墓志。"六个大字的右边和左边分别刻有一行小一些的楷体汉字："掩闭日甘露降"和一行六个字的契丹小字。刘凤翥认得第三个契丹小字是"日"字，因此他推知这六个契丹小字是与右边的汉字"掩闭日甘露降"互相对译的。这让刘凤翥很兴奋，因为有汉字对译的契丹小字资料，除了《大金皇弟都统经略郎君行记》之外，这还是首次发现，所以他认为"其意义极为重大"。

志盖四周斜面刻十二生肖神像。志石原为六角形（正方形在刻字之前切掉了左上角和右上角），后因残去左下角和右下角而呈八角形，并已残成上、下两大块。志石右侧刻有五行汉字，可惜下半部分已残去，仅存"故推□□□翊圣佐理奉国保义……美功臣、洛留守、开府仪同三司、……相、枢密使、守□□中令、于越、尚父、……混……父……翁帐银青……检校太保……次甲戌……"等不连贯的一些词句。这五行汉字显然是墓主人的官衔提要，虽然已残缺不全，但对解读墓志上的契丹小字肯定会大有帮助。

志石共刻契丹小字64行，正面30行，左侧4行，背面30行，现存共约2163个字。刻于乾统五年（1105年）。日本的长田夏树教授看了刘凤翥考释此墓志的文章之后，经过研究，知道墓志主人为在《辽史》有传的耶律斡特剌。

一连五天，刘凤翥都去文物组拓《许王墓志》。王云章、欧阳宾还有文物店的王占英、周桂兰、孙佩琴等人都过来给他帮忙。晚上，刘凤翥大部时间在招待所研墨、修拍子、抄录志文。抄完后要对照不同的拓片和原石进行校对，连着好几天才校对完毕。有时也抽时间去住在招待所附近的王云章和欧阳宾家拜访。

虽然这次拓碑距保定拓碑仅仅一个月的时间，却大有不同。刘凤翥回忆说："像一个月之前保定的张学考一面操作一面讲解地教我拓碑一样，我也一面操作一面讲解，等于给他们办了一个拓碑培训班。我那点儿刚趸来的手艺又全部趸给了他们。他们很快也就全学会了。刘葆华归来后也帮我拓，因为他曾在沈阳受过考古、陶瓷、拓碑等方面的培训，他还教了我一手擦拓的手艺，即不是往纸上拍墨，而是在适当时候用拍子在纸上擦。一不小心会把纸擦破，操作起来难度较大，但掌握好了效果极佳，可使墨色又黑又亮。志石四面有字，加上志盖，拓一份就是五张，在他们的帮助下，五天我共拓了七份。给文物组留下了四份，我们带走了三份。一份现存民族研究所图书馆、一份现存内蒙古大学蒙古语文研究所，一份在投稿《文物资料丛刊》时没有收回来。"

几天后的一个下午，阜新市文化局文物组的刘葆华和文

物店的朱光向市文化局要了一辆吉普车,陪着刘凤翥去塔营子公社参观被列入省级文物保护单位的辽代懿州古城址和辽塔。刘凤翥看到塔北的耕地中辽砖、辽瓦和辽瓷残片遍地皆是。

经过王云章的安排,阜新市文化局孙杰局长也在第二天上午来到招待所看望刘凤翥一行。刘凤翥顺便向孙局长谈了《许王墓志》的重要价值。孙局长听后当即安排下午开座谈会并亲自主持,由刘凤翥作专题发言。

刘凤翥在发言中说,物以稀为贵,传世的辽金两代的契丹小字碑刻加上《许王墓志》总共才只有9件,从字数和有对译内容的方面看,《许王墓志》在9件中均居第二。这是稀世珍宝,上报后肯定能定为一级文物。研究契丹文字不仅能匡补《辽史》记载之不足,还有着反修防修的现实政治意义。苏修说长城以北非中国,可在俄文中称中国为"契丹",契丹所辖之地皆为中国领土。契丹文字不论是大字还是小字皆为汉字结构而与俄文字母风马牛不相及。《许王墓志》的出土将为学术上的反修增加了重量级的炮弹。

孙局长在总结发言中对王云章说,你们做了一件有益的工作,以后有机会再清理几座辽墓,力争多出几块契丹字墓志。回到北京后,欧阳宾起草的署名为阜新市文化局文物组的《辽宁阜新县辽许王墓清理简报》很快给刘凤翥寄来了。刘凤翥和于宝麟的《契丹小字〈许王墓志〉考释》也很快写好。两篇稿子后来均发表于《文物资料丛刊》1977年创刊号。志盖上于义为"掩闭日甘露降"的6个契丹小字后来还被收入初中历史课本第二册。

(五)初访赤峰

这一年的11月初,刘凤翥和于宝麟抵达赤峰。他们先在赤峰文物站开始拓制契丹小字《故耶律氏铭石》的拓片，三天后，他们又来到喀喇沁旗文化馆完成了契丹小字"宝坻宫"铜镜的拓制。

　　这面"宝坻宫"铜镜出土于喀喇沁旗永丰公社当铺地村，是村子里一位农民从地中掘出后当废铜卖给了公社的废品收购站，正好被公社干部郑瑞峰发现。郑瑞峰文物意识比较强，常去废品收购站查看可否有文物混在废铜中。结果老天不负有心人，他在废品收购站发现了这面铜镜，就用3元钱把它买了下来。到文化馆工作之后，他又把铜镜无偿捐给了旗文化馆。此镜为每边5.6厘米的等边八角形。镜背铸有于义为"寿长福德"的四个契丹小字，即如果想寿命长，除了有福之外还必须积德。四字旁边有冬青草花纹。造型优美，极具艺术价值。镜背左下侧签刻了"宝坻官"三个汉字边款，字下有一画押。故此镜被命名为"宝坻官"铜镜。

　　"宝坻官"铜镜铸于辽代，边款为金代宝坻县官签刻。谈及此，刘凤翥说，这是因为金代对宋战争频仍，造成财政经济的极为困难，政府手中尤其缺钱，因而铜禁甚严，严禁百姓销毁铜钱铸镜。由于铜镜尤其是优质铜镜的价值远比同等重量的铜钱的价值高，于是上有政策下有对策，一些趋利之徒仍私下毁钱铸镜而冒称私铸的铜镜为家中旧藏。于是，金政府又规定，凡家中旧藏铜器必须送往政府有关部门签刻之后方为合法。因而传至金代的前朝铜镜十之八九都签刻上了金代政府有关部门的名称或官员姓名。有些研究铜镜的论著把这些刻有金代政府名称或官员姓名的铜镜一律断代为金镜则大错特错。其中有金代的，也有前朝的，也有些貌似前朝的实为金代仿铸的。必须根据形制、花纹、文字、工艺、风格等诸多特征把它们区别开来。因此刘凤翥认为传世的

"宝坻官"契丹小字铜镜和"完颜通"契丹小字铜镜均是辽代铸造、金代签刻的。

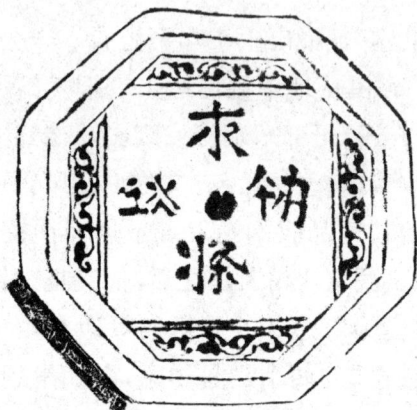

契丹小字"宝坻官"铜镜

到了晚上,刘凤翥又与郑瑞峰谈契丹文字之事到深夜。郑瑞峰还拿出了汉字耶律琮神道碑的照片和手录的碑文给刘凤翥看。关于耶律琮,刘凤翥说,耶律琮契丹名叫耶律合住,《辽史》卷86有传。他在涿州刺史任内,促成宋、辽和议,名垂青史。他的墓在喀剌沁旗宫家营子乡,可惜其神道碑已在"文革"中被裁成石料,运往大庆市做了他用。

回到赤峰将《故耶律氏铭石》拓够份数后,刘凤翥又拓了2个辽代牛腿瓶上的字,并盖了几枚契丹大字铜印的印样,以及拓制了印侧边款文字。其中最有名的是翁牛特旗桥头镇河南营子村出土的契丹大字铜印,印侧有双钩楷体印文边款。刘凤翥认为,这对于研究篆体印文大有裨益。他又接着摹录并拍照了翁牛特旗广德公公社出土的彩绘椁板上的契丹小字墨书。

这期间,刘凤翥还结识了赤峰的苏赫同志,由于志趣相投,他们不仅聊得来,后来还保持了20多年的友好交往。对

此,刘凤翥也回忆说:

> 赤峰的苏赫同志经常来看我,我也经常去他家或工作单位看他。我第一次吃奶豆腐和炒米就是在苏先生家的土炕上吃的。我们俩越谈越投机,他告诉我,他原在公安局工作。那时他认为如果用公安人员破案的一整套思维方式来解读契丹文字也许有所帮助。后来他调到盟文物工作站任站长,对契丹文字更感兴趣。1969年秋,他与项春松清理了翁牛特旗毛不沟村的辽墓,从而出土了契丹小字《故耶律氏铭石》,为了庆祝这一重大发现,当时还宰了 1 只羊。苏赫还告诉我,他原名乌明玉,1924 年生,伪满时建国大学毕业。他与喀喇沁旗王爷是本家,临解放时,王爷逃往中国台湾去了。"文革"中把他顶替"王爷"来批斗。我去时,他已熬过了被批斗的艰苦岁月,但仍处于艰难时期。他还没有恢复职务,暂时在文物站所属的文物店上班。刚做了胃切除手术,身体极为虚弱。老伴没有工作,身体也不好。有 7 个孩子,经济也不富裕。但一谈到业务,无论是文物考古,还是辽金史、蒙元史,抑或契丹文字,他都会津津乐道,很容易进入角色,而忘记了他当时的处境。由于有共同语言,我们从此就成了好朋友。此书后面还会谈到,在此后的 20 多年的交往中,他给我的帮助甚多。此后我又去过赤峰 10 多次,每次我都去朝拜这位苏"王爷"(我对他的戏称),直至 1999 年 1 月 25 日他仙逝。

(六) 初访辽祖州和辽祖陵

几天后,刘凤翥在苏赫的陪同下,乘长途汽车先到达翁

牛特旗政府所在地乌丹。此地在元代是全宁路，可以看到尚存的清朝旧城墙。接着他们又北行60公里，过西拉木伦河（辽代称"潢水"；契丹语称"袅罗个没里"，又称"女古没里"），就进入了牧区。只见公路两旁是一望无际的大草原，走很远才能见到一个稀疏的定居点，点内有土房也有蒙古包。最后经过巴林右旗旗政府所在地大板到达巴林左旗旗政府所在地林东。

到达后的第二天上午，旗文化馆刘德高馆长陪刘凤翥与苏赫去考察辽祖州和辽祖陵。这两个地方都在林东西南约22公里处哈达英格公社的石头房子村附近。历史上，祖州因辽太祖耶律阿保机的高祖、曾祖、祖父、父亲均诞生于此的缘故而得名。据《辽史》卷37记载，祖州"城高二丈，无敌棚，幅员九里。门，东曰望京，南曰大夏，西曰液山，北曰兴国。西北隅有内城。殿曰两明，奉安祖考御容；曰二仪，以白金铸太祖像；曰黑龙，曰清秘，各有太祖微时兵仗器物及服御皮毳之类，存之以示后嗣，使勿忘本。内南门曰兴圣，凡三门，上有楼阁。东西有角楼。东为州廨及诸官廨舍，绫锦院，班院祗候蕃、汉、渤海三百人，供给内府取索。东南横街，四隅有楼对峙，下连市肆"。

辽代的这么一座繁华州城，如今却成了空无一人的一片废墟。原高约2—3米的土城、城门、瓮城、角楼、马面等遗迹尚存，城内的一些宫殿的殿基犹斑斑可考。只见遍地都是砖头瓦块，有绿、黑、棕等色的琉璃瓦，还有完整的瓦当及螭吻。

城内西北隅的高台上，还有一座保存至今的辽代建筑物，就是有名的石头房子。房子的四壁和屋顶均由厚约半尺的大型石板构筑而成，结合部都是用大铁锔子锔牢。室内北半部分还平放着一块大石板，既像供桌，又像石床。屋子的两扇大门现已不存,安门框的上、下两个洞还都存在,估计两扇门也应该是石板做成。仔细看,盖石头房子的石板类似于现代盖楼房的大型水泥预制构件。既不怕水火,又砸不烂,所以一直能保存至今。想想看,在没有吊车和起重机的1000多年前的辽代,能盖出那样牢不可破的石头房子,真是令现代人叹为观止。现在石头房子内遍地是羊粪,可能偶尔被用来圈养羊。至于石头房子的原来用处,史书已失载。现代学者虽有种种推测,如庙宇、牢狱、仓库等,但众说纷纭,莫衷一是。

祖州城内,现在栽种了许多文冠果树,是一种油料树木。刘凤翥漫步于荒无人烟的祖州城内,左顾右盼,期待能捡到一枚辽钱或一枚印章,最好是带契丹字的,结果希望落了空。

祖州和祖陵当时都归林场管辖。中午,他们在林场喝了点儿开水,吃了些自带的饼干,接着就去考察辽祖陵。祖陵是辽太祖耶律阿保机的陵墓,在祖州西北5里的一个类似死胡同的山谷中。山谷四周山峰均极险峻。入口处既窄且险,形成天然的门户。山峰间的缺口处均用大石头砌堵,又形成一个自然封闭的陵园。地面有大量残砖碎瓦的堆积,可以判断此处在辽代有砖瓦建筑物,辽时称黑龙门。有一股溪水从黑龙门流出。走进黑龙门约百米,有辽代称为膳堂的献殿遗址。莲花瓣花纹的柱础犹弃置于原地,有些翁仲(石人)或倒在地下,或弃于沟壑,有的还残去了头颅。辽祖陵的面积相当大,纵深有数里之遥,里面林深树茂。辽太祖的墓穴是"凿山为殿,曰明殿"。虽然明知明殿就埋在陵园内的那片茂密的树林中,但至今尚不知其确切位置。据《辽史》地理志记载,黑龙门外"东偏有圣踪殿,立碑述太祖游猎之事。殿东有楼,立碑以纪太祖创业之功"。

据《考古》1966年第5期刊载的贾洲杰的文章报道,他曾在黑龙门外东山坡上捡到三块碑刻残石。其中一块刻楷体汉字"丹",字较大,显然是碑额"大契丹国……"中的"丹"字。另两块是字较小的契丹大字,应该是碑文。刘凤翥他们也去了那个地方,在一个大龟趺下的乱石中开始寻找。刘馆长说:"只要耐心寻找,准能找到带字的,我来此处多次,从来没有空手回去过。"

他的话,让刘凤翥很兴奋,他决心耐心细找。虽然费了不少力气,但还真是有收获。刘凤翥与苏赫各找到一块带契丹大字的残石,刘馆长找到汉字和契丹大字残石各一块。他们据此推测,龟趺上的巨碑可能是一面为汉字,一面为契丹大字。有了收获,大家见好就收,立刻离开祖陵奔昭庙。

司机抄近路加大油门让汽车在野地里飞速奔驰,终于在太阳落下之前赶到了昭庙。昭庙在辽代称"真寂之寺",是石窟寺,主要有三个洞窟。中间的洞窟内凿有一个巨大卧佛,是释迦牟尼圆寂的形象,他的几个主要弟子立在周围,正在流泪啼哭,造型极为生动优美。清代的喇嘛给众佛像均塑上了一层泥质彩绘。"文革"中"破四旧"时当地的造反派们乱砸这些石佛,怎奈石佛坚固,怎么也砸不烂,仅仅把外面的泥塑砸掉而已。不想因祸得福,让人得以见到辽代石刻佛像的真面目。刘凤翥也在这次与石刻佛像有缘一见。后来刘凤翥又分别在1983年、1986年以及1993年重游昭庙,但石佛已再塑金身,辽代佛像的真面目已看不到了。此外昭庙洞窟的山顶上还有一桃形的巨石立在悬崖处,让人看了感觉就像要滚下来一样险峻。这就是当地巴林左旗有名的桃石山。自然也吸引了不少旅游者前往观看。

那天他们回到林东时,已是掌灯时间。

（七）初访辽上京

接下来的两天,刘凤翥先在巴林左旗文化馆将从辽祖陵捡回来的契丹大字和汉字残石以及辽上京出土的契丹大字残石分别进行拓制。这些残石多者十余字,少者一二字甚至半个字。但即使半个字的一小片也是按着拓碑全过程去做。因而拓起来极为费事。

接着,刘凤翥又在苏赫与王晴的陪同下去离林东镇东南不远的辽上京遗址考察。辽上京是神册三年(918年)由汉臣康默记、韩延徽等人督工兴建的。中国古代北方少数民族多为游牧民族。随水草迁徙,岁无宁居,即使是建立政权者如匈奴、突厥都无首都。其最高统治者游牧到哪里,哪里就是政治中心。契丹王朝则不然,它从建国伊始,由于大量汉族知识分子的参政,又由于俘获了大量的汉人,尤其是在石敬瑭割让燕、云十六州之后,它实行的是一整套的两元政治,即"以国制治契丹,以汉制待汉人"(《辽史》百官志语)的"一国两制"。汉字文献国号有"契丹""大辽"两个,辽代中晚期的契丹文字资料中的辽代国号是"契丹·辽"或"辽·契丹"的双国号。汉文中称"大辽"时,契丹文字中称"辽·契丹",汉文中称"契丹"时,契丹文字中称"契丹·辽"。政治中心既有四时捺钵("捺钵"为契丹语,于义为"行在所")即游牧中的政治中心,又有固定的首都。辽上京就是在这样的历史背景之下建成的。

但是繁华了200多年的一朝故都,如今已成了一片废墟。所幸已成为全国重点文物保护单位。当地政府也规定不许在城内盖房、埋坟、耕种、放牧、栽树、搂草。因而它虽然紧靠林东,但城内空无一人。走进去之前,刘凤翥看到,残存的土城墙高约2米至4米。城门、瓮城、马面等痕迹均很明

显,城内的许多土丘皆为昔日宫殿的殿基,有的柱础仍弃置于殿基之上,殿基周围辽砖、辽瓦和辽瓷残片遍地皆是,还有一些石磨弃置在地上。

此外,城西南部还有一个驮石碑的巨型龟趺,碑已不知去向。城东南部有一座褐色砂岩质的、站立着的观音佛像,虽已残去头颅和手,但颈带项链,赤脚踩莲花,造型仍优美生动。刘凤翥提起脚跟举起手仅能够得到其腹部,足见其高大。

站在城内向南望去,南山坡上的辽塔(俗称"南塔")清晰可见。辽上京犹如明清两朝的北京城呈"日"字形,其北半部分为"皇城",南半部分称"汉城"。根据实测,皇城周长6344米,汉城周长5829米。顾名思义,皇城是辽代皇帝和皇后及皇族居住与办公的地方,汉城是汉人和汉官居住之所,同时还有回鹘商贩居住的回鹘营、接待诸国信使的同文驿和接待西夏国使的临潢驿。有一条今称沙里河(亦称"白音高勒河")的河流原在汉城之南,不断随水势北移,今已把汉城冲刷得无迹可寻。在河水冲过的汉城地区,今已出现了一个名为小新庄的村子。

刘凤翥在辽上京访古时,还见到了小新庄一农民新近挖菜窖时挖出的一古碑。那是一个里候碑,由于剥落过甚,当时灯下仅看清"八十里""里""年四月二十四日"等汉字。后又见到了哈达英格公社西白音高勒村的群众新近挖的一座辽墓,出土了不可识的文字。刘凤翥闻听此讯后,怀疑那不可识文字可能是契丹文字,立刻急不可耐地步行20多里赶到村里。结果他只见到一块原来钉在出土木箱上的一块带字的木板。木板正面墨书汉字"弘法寺前管内都僧录弘觉法师赐紫沙门释。大康二年三月三十日乙时掩闭讫",背面墨书为不可认文字。

刘凤翥虽然一个字也不认识,但能够辨认它不是契丹文字,而是梵文。于是他把木板带回交给了旗文化馆。

结束在林东的拓制工作后,刘凤翥又从文物站工作人员项春松的笔记本上转录了他摹录的翁牛特旗山洞中契丹文字墨书和宁城县出土的契丹小字墓志残片上的字……接下来几天,刘凤翥一直在昭乌达盟文物站拓制有关资料,并校对和复写《故耶律氏铭石》的摹本。直到 11 月 25 日,他与昭乌达盟文物站的同志举行契丹文字座谈会后,才于第二天晚离开赤峰返回北京。

两个月的奔波,刘凤翥终于拓回了除《大金皇弟都统经略郎君行记》之外的几乎全部传世的契丹文字金石资料,可谓收获颇丰。因此刘凤翥说:"拓回的资料为下一步的研究工作奠定了牢固的基础。另一重要收获是广交了朋友,使出土契丹文字资料的重要地区辽宁西部和昭乌达盟(今赤峰市)广布了我的朋友,从那以后一有新的契丹文字资料出土,都会有人随时向我通风报信。在此后的几十年中,这一点实使我受益匪浅。"

(八) 契丹大字大银钱和《北大王墓志》

1977 年春,刘凤翥在林东拓碑期间相识,并一直有书信往来的巴林左旗文化馆文物干部王晴同志写信告诉他说,昭乌达盟的阿鲁科尔沁旗出土了契丹大字墓志,并让他与文化馆负责文物的马俊山联系。刘凤翥与马俊山联系后,很快收到了马俊山寄来的一份契丹大字《北大王墓志》拓片,并告知说,该契丹大字墓志是在 1975 年冬被阿旗昆都公社乌苏伊和村的农民修备战粮仓时发现的,他们走进早已被打开门的古墓清扫时,发现了墓内有两块带字的石头。于是收工时,生产队长就命大家把石头抬到小车上拉回村中保存。马俊

山在 1976 年冬因公出差到乌苏伊和村时,无意中发现了这两块石头原来是辽代的墓志,遂命生产队把墓志送往旗文化馆收藏。

辽上京博物馆所存契丹大字
大银钱正面

辽上京博物馆所存契丹大字
大银钱背面

从拓片中可以看到,志盖正面刻篆体汉字 1 行:"北大王墓志",没有纹饰。志盖背面刻楷体汉字志文 21 行。另一石刻契丹大字志文 27 行。汉字志文和契丹大字志文不是互相对译的。两种文字均字大工整,书法秀丽。最后刘凤翥断定,墓志刻于重熙十年(1041 年),墓主人为北大王耶律万辛,并于后与马俊山合写了一篇《契丹大字〈北大王墓志〉考释》,发表于《文物》1983 年第 9 期。文中同时附有墓志的拓本照片和契丹大字志文摹本,汉字志文则用铅字排印。

还是在这一年的夏天,王晴又写信告诉他说,林东镇农民石玉兰于当年 5 月 15 日在辽上京西城墙 2 里处的谢家大院北半里的地方种玉米时,在地里发现一枚契丹大字银钱,并把银钱无偿捐献给了旗文化馆。王晴还在信中附上了银钱正反面的拓片,请刘凤翥解读。

契丹大字钱币,在中华人民共和国成立前曾有出土,但均作铜质,且原物已下落不明,仅有拓本传世。1934 年 5 月出版的《艺林旬刊》第 53 期第 4 页上首先发表了一份钱拓。已故中央民族大学历史系教授贾敬颜先生手中也存有两份钱拓。刘凤翥还从贾敬颜先生口中得知,中华人民共和国成立前,北京喜鹊胡同住着一位王姓打小鼓收破烂的,他曾收购到两枚契丹大字铜钱,当时欲卖给贾先生,但贾先生嫌贵没有买,仅仅拓了两份拓片留存而已。

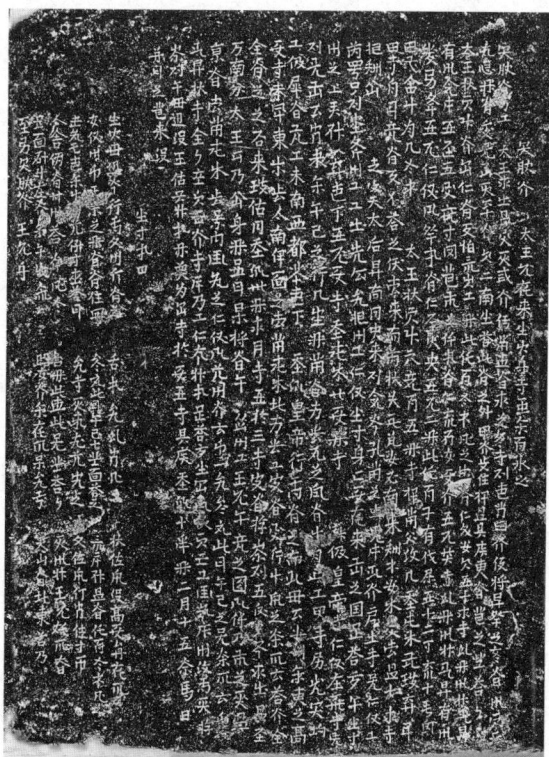

契丹大字《北大王墓志》拓本照片

从那以后,中华人民共和国成立前出土的契丹大字铜钱就下落不明了。这样,林东新出土的契丹大字银钱就成了海

内孤品，弥足珍贵了。这枚钱币直径 3.9 厘米，厚不足 2 毫米，重 21 克。刘凤翥经过与女真字的对比研究，初步断定，银钱正面铸的四个契丹大字为"天朝万顺"之义，是某庆典用的压胜钱，即纪念币，非流通货币，因而铸造的数量少，传世甚稀。银钱背面的八个契丹大字是后刻的，目前尚不能解读。

后来刘凤翥与王晴合写了一篇《辽上京出土的契丹大字银币》刊于《文物》1981 年第 10 期。之后他又写了《契丹大字大银钱和小字小铜钱》发表于中国台湾办的北美《世界日报》1991 年 10 月 18 日的"上下古今"版。

□ 3．契丹字铜模的制造

从赴保定拓制契丹小字《萧仲恭墓志》开始，一直到巴林左旗拓制契丹大字大银钱和《北大王墓志》，在中国社科院契丹文研究小组成立后仅仅一年多的时间里，刘凤翥的足迹不仅踏遍了河北、辽宁、内蒙等古代契丹国的疆土，更用辛勤汗水收集了大量的契丹文字资料。这是刘凤翥第一次拓碑之行取得的收获和成果，亦是他对中国契丹文字研究的贡献。对于当时刚刚兴起并步入正轨的中国契丹文字研究，无疑更是起到了推动促进的积极作用。

随着契丹文字研究工作的深入发展及不断出新的研究成果，如何印刷发表就成了首要问题。在当时中国的印刷业中，铅活字排版仍是主要工序，这种印刷工序显然因为没有契丹字铜模来灌铅字而制约了契丹文字研究成果的发表。要想解决，唯一的办法就是制造契丹字铜模。于是，研究小组决定,首先制造契丹字铜模。因为只有这样,才能让契丹文字研究工作顺利进行,研究成果才能正常发表。

而要制造铜模,就必须先进行字形规范。传世的契丹小字资料有的字体工整,有的则为行书体或草体,还有的是篆体,而且还有些异体字。于是他们先抄了 4 万多张卡片,然后通过对这 4 万多张卡片进行研究并由小组全体成员反复讨论,最后敲定了 377 个契丹小字的原字规范字形。

接着,他们拿着规范好的字形去当时位于隆福寺之西的北京新华字模厂联系制造铜模。没想到字模厂的人告诉他们说,工厂的人不认识契丹字,必须由他们自己描字样。描完字样后得先去联合制版厂制锌版,然后拿着锌版再来字模厂才能给刻字模,而且刻字模时必须自己备铜。因为铜是造子弹的战略物资,字模厂只负责来料加工,不供应原料。但当时国家有规定,铜不仅不卖给个人,即使单位用铜也必须打报告申请,层层审批。

买铜的艰巨任务由内蒙古大学完成了。描字样的工作就由邢复礼和于宝麟负责。这个工作也很不容易,首先要每个字都写在方约 3 寸的田字格内,既要把格占满,又不能使笔画接触到四边,而且笔画粗细要均匀,笔画的边沿必须平直,不能带毛齿,否则所制的铜模将来灌铅字时铅字容易卡在模内倒不出来。就这样,邢复礼先在田字格内用毛笔逐字书写,然后于宝林用鸭嘴笔逐一勾画每个字的每一笔画。最后他们花费了好几个月的时间之力才完成了这一工程。

铜和字样都有了,以后的工作进展就顺利多了。1976 年底,内蒙古大学终于先造了一套灌老 5 号铅字用的契丹字铜模,紧接着民族研究所也造了一套。这两套铜模不仅为研究小组研究成果的发表提供了方便,也为其他人研究成果的发表提供了方便。后来一直到我国印刷业告别了铅与火之后，这两套字模才完成了它们的历史使命。

□4．研究小组的工作进展

契丹文字研究小组的研究工作是从解读契丹小字中的汉语借词入手的。这样解读出来的契丹小字，不仅能知其字义还能知其字音。他们以刘凤翥在"五七干校"时已经解读出来的汉语借词官名 𝖆𝖆 𝖆𝖆 𝖆 𝖆 𝖆𝖆 𝖆𝖆（尚书职方郎中）、人名 𝖆 𝖆 𝖆𝖆（黄应期）和地名 𝖆𝖆 𝖆𝖆 𝖆𝖆（唐乾陵）以及构拟的几个原字的音值 𝖆音 huang，𝖆音 ying，𝖆音 q，𝖆音 i，𝖆音 sh，𝖆音 ang，𝖆音 sh，𝖆音 u，𝖆音 zh，𝖆音 fang，𝖆音 l，𝖆音 zh，𝖆音 ong，𝖆音 t，𝖆音 q，𝖆音 an 等为解读工作的基础。也就是说，他们是用已知求未知的办法逐步向前推进，并不断扩大战果。例如《许王墓志》左侧残存的五行汉字"故推□□□翊圣佐理奉国保义……美功臣、洛留守、开府仪同三司、……相、枢密使、守□□中令、于越、尚父、……混……父……翁帐银青……检校太保……次甲戌……"等不连贯的一些词句。刘凤翥认为，这5行汉字显然是墓主人的官衔提要，虽然已残缺不全，但对解读墓志上的契丹小字肯定会大有帮助。再比如因为萧仲恭在《金史》有传，所以也有助于解读《萧仲恭墓志》。

根据这些，刘凤翥很快就解读出 𝖆𝖆 𝖆𝖆 𝖆𝖆 为官名"中书令"、𝖆𝖆 𝖆𝖆 𝖆𝖆 𝖆𝖆 𝖆𝖆 𝖆𝖆 𝖆𝖆 为官名"同中书门下平章事"、𝖆𝖆 𝖆𝖆 𝖆 𝖆 为官名"枢密副使"、𝖆𝖆

为封爵"混同郡王"、 为官名"开府仪同三司"、 为"洛京之留守"、 为官名"中京之留守"、 为官名"行台尚书省之左丞相"、 为官名"银青崇禄大夫"、 为官名"检校尚书右仆射"、 为官名"辅国上将军"等 300 多个契丹小字。

刘凤翥回忆说:"这一工作主要是由我进行的。我每解读二三条契丹小字语词,就写信向清格尔泰报告,清格尔泰会及时回信给予反馈。小组从来没有推举组长。但由于学术地位、行政职务、在小组所起的作用和年龄等诸多因素,清格尔泰同志无形之中成了小组的核心。"

1976 年冬,清格尔泰、陈乃雄又来到北京与刘凤翥、于宝麟、邢复礼共同研究下一步工作。为了发表研究小组的第一批研究成果,清格尔泰根据每个人的情况布置了写作任务:陈乃雄起草绪言和国内外研究概况介绍;刘凤翥起草他们对契丹小字的研究及编纂已释读出的契丹小字语词表;于宝麟起草契丹原字音值构拟表(汉语中古音的构拟请研究所的喻世长先生指导)和契丹文字论著目录索引;清格尔泰起草契丹语语法规律和附加成分的研究;邢复礼和于宝麟编纂契丹小字索引和契丹原字索引。每个人的稿子完成之后一律交陈乃雄,由他通纂成首尾连贯和统一体例的论著。

在一次小组工作会议上,刘凤翥提议清格尔泰先生去与

内蒙古大学学报编辑部沟通,可否像该学报 1964 年第 1 期用一整本的篇幅刊布金光平、金启孮的《女真语言文字研究》那样,也用一整本的篇幅刊布他们的研究成果。

1977 年春,小组的第一批研究成果《关于契丹小字研究》终于由陈乃雄通纂完毕,清格尔泰先生也与内蒙古大学学报编辑部沟通好,编辑部答应给他们出一本契丹小字研究专号。稿子和契丹字铜模均下到了内蒙古大学印刷厂,只等排版刊印。

□5．小组初步研究成果被觊觎

外界很少有人知道,这部具有非凡意义的著作在出版之前经历了两次"打假"和因检字工人不认识契丹字而耽误排版的"一波三折"。

事情还得从 1976 年夏初说起。当时刘凤翥和研究小组人员以小组名义确定了 377 个契丹小字的原字规范字形后,即用规范字形油印了一部《契丹小字资料汇辑》,其中除收录了他们所收集到的全部契丹小字资料之外,还附录了几篇不成熟的考释文章,共印 40 余册,目的是供小组成员内部使用。

当时侯方若指示可以把油印本散发给有关专家听听他们有什么意见。于是除小组成员外,他们还散发给了有关领导同志和所内外的专家。没想到这一散发,就来了麻烦。那是在 1977 年 8 月的一天,民族研究所副所长翁独健先生托人捎信给刘凤翥,让他去家里一趟。刘凤翥去了他家之后,翁先生拿出一篇《考古学报》编辑部请他审的稿子给他看。

刘凤翥看了之后，感觉稿子虽洋洋万言，但多是些老生常谈。其"新颖"的部分不过就是说粉碎"四人帮"之后，心情舒畅，思路敏捷如梦笔生花，并能一下子把140多个契丹原字的音读出来。但既没有说明是怎么读出来的，也没有全部列出140多个原字的读音，仅仅用了一个"例如"，举了40多个原字读音的例子而已。而且文章中所举的例子每个原字的读音不管对错都与1976年初夏小组油印并与当时散发给文章作者的《契丹小字资料汇辑》中所附考释文章中的原字拟音表完全相同，甚至连拟音的原字数目和顺序也与油印本完全相同。

此外，作者还不打自招地承认看过了研究小组的油印本，只不过把看到的时间移到了1977年春季而已，文章中虽自称是1976年10月写就，却是1977年8月寄往《考古学报》的。翁先生手中有也有研究小组散发给他的油印本，并且也读过，自然有印象。因而他一审稿就对"例如"后面的话感到眼熟，拿出油印本一核对，也就真相大白了。

翁先生对刘凤翥说："不要生气，我跟夏鼐同志打个招呼，把稿子退回去就行了。人心隔肚皮。以后要吸取教训，不要把最新研究成果轻易油印散发。"翁先生还劝刘凤翥把最新研究成果尽快公布发表了，免得他人觊觎。

果然没隔多久，类似的事情又发生一次。这是投给《考古》的一篇《解读释例》稿子。其内容也来自研究小组1976年的油印本《契丹小字资料汇辑》。例如《契丹小字中的"皇帝"有两种写法例》就是根据《契丹小字资料汇辑》中释出了《大金皇弟都统经略郎君行记》中的"可汗"一词。编辑部让翁先生审稿，翁先生自然是出面予以挡驾。连着两件事不由让刘凤翥感慨良多。

1977年9月的一天,中国社会科学院("中国科学院哲学社会科学学部"已于1977年改称"中国社会科学院")在公安部礼堂召开全院大会。夏鼐先生进来之后见刘凤翥身边有个空座位就坐了下来,并对他说,那篇稿子已经退了回去。同时还劝刘凤翥,应该尽快把研究成果公开发表了。

刘凤翥说已决定在内蒙古大学学报发表。夏先生告诉他,内蒙古大学学报是地方刊物,在国内外的学术影响不大。可把内蒙古大学学报上的精华部分压缩成3万字左右的文章在《考古学报》重新发表一次,因为《考古学报》在国内外的影响远比内蒙古大学学报大。刘凤翥答应尽快与内蒙古大学协商此事。这件事虽然让刘凤翥对他们成果的觊觎者非常反感,但他也同时感到了翁独健与夏鼐两位先生的关照与提携,回想起来,更是感激不尽,终生不忘。

事后,刘凤翥很快把两次在北京发生的事情及翁、夏两位先生的建议写信通报给了清格尔泰同志。但《关于契丹小字研究》却迟迟未出版。后来从清格尔泰先生的回信中才得知,内蒙古大学学报"契丹小字研究专号"迟迟不能出版的滞碍是检字工人不认识契丹字,检字排版有困难,并问能否抽空来呼和浩特协助一下。于是刘凤翥在1977年11月赶紧出差奔往呼和浩特。

这之后,刘凤翥又一鼓作气,给《考古学报》起草完成了《关于契丹小字研究》的修改稿。并协助完成《契丹小字解读新探》检字排版。在此过程中,刘凤翥经历了艰辛的付出。他回忆说:

> 1977年11月,我去呼和浩特。我住在内蒙宾馆,每日去内大的校办印刷厂协助工人检字排版和改版。当

时呼市的公共交通极不发达,少有的几条公共汽车路线,多半是半小时至 1 小时才发一趟车。等车极为烦人。为此内大还给我找了一辆老掉牙的连闸也没有的公用自行车供给我使用。我骑自行车的技术不高,以前从来没敢骑车上过街。这次为了工作和事业不得不冒险骑着没闸的自行车每日往返于宾馆和内大印刷厂之间。我和陈乃雄每日都泡在印刷厂内协助工人检字排版、校对改版。总共泡了 40 多天才把整本的《内蒙古大学学报》(哲学社会科学版)1977 年第 4 期即"契丹小字研究专号"排版完毕。

印刷厂的工作结束后,清格尔泰同志对我说:"你负责起草把《关于契丹小字研究》压缩成 3 万字给《考古学报》的稿子,为了便于一起商量,你从宾馆搬到我家来住。"陈乃雄的家离清先生家不远,我们经常一起商量。我在清格尔泰先生家住了一星期,我把稿子起草完毕后交陈乃雄同志,由他润色腾清后寄给《考古学报》。我回到北京时已经是 1977 年的最后一天了。

□6.《关于契丹小字研究》
——最早的集体研究成果

随着契丹字铜模制造的完成,一部凝聚着刘凤翥和契丹文字研究小组同人心血的《关于契丹小字研究》也终于在《内蒙古大学学报》(哲学社会科学版)1977 年第 4 期"契丹小字研究专号"发表。这是民族研究所和内蒙古大学蒙古语文研究室合作成立契丹文字研究小组以及刘凤翥开始第一次拓

契丹文字研究首席专家 刘凤翥传

　　《内蒙古大学学报》"契丹小字研究专号"以整期期刊篇幅发表的《关于契丹小字研究》中，刘凤翥与契丹文字研究小组的同志们分别以"绪言""国内对于契丹小字研究概况""国外对于契丹小字的研究状况""我们对契丹小字的研究"及"小结"等五大部分，展示出他们两年来对契丹文字的研究成果。

　　文中首先写出我国古老的契丹民族及其语言文字的历史发展直至契丹文字失传的概况，并指出："契丹文字虽然失传几百年，已经成了一种无人能解的死文字，契丹语也成了一种死语言，但是这种死文字、死语言里却保存着许多珍贵的历史资料……由于辽时一切公私图书文集不准传至境外，辽亡时多遭散失，金修之书又从未刊行……元末修史时，资料很感不足，缺略错误甚多。研究契丹文字，解读契丹碑刻，可以补充《辽史》的缺略，纠正《辽史》的错误，进而促进我国北方民族史的研究。"这道出了研究契丹文字的重要意义。

　　特别是在"我们对契丹小字的研究"部分的"利用汉语借词，推定若干契丹字读音"及"扩大释读范围，在释读过程中推定一些原字音值"及"研究契丹文的语音语法规律，继续扩大释义及音读范围"等题中，更是详细、具体总结出了关于契丹文字研究小组的成果，从而突破了中国以往契丹文字研究的历史。

　　前面曾经提到过，中国学者王静如、罗福成、厉鼎煃等曾在 20 世纪 30 年代初期掀起了一股契丹文字研究热潮。他们的研究成果是利用出土的汉字哀册与契丹小字哀册互相对比的方法比对出了契丹字中的一些年号、干支、数目字、年月日、皇帝、皇后、哀册、大金等共约 70 个单词。到了 20 世

50 年代,日本的田村实造、小林行雄、长田夏树、山路广明、爱宕松男等人又一次掀起了契丹文字的研究高潮。但是他们的方法也不过就是把中国学者已知字义的契丹小字硬性用蒙古语来读,后来经过验证,他们拟对或者接近拟对音值的原字仅仅 30 多个。

而在《关于契丹小字研究》中,刘凤翥与研究小组的同志们则不仅解读了 400 多条契丹小字的语词,还为 140 多个原字构拟了音值。相比之下,"诞生"于 20 世纪 70 年代的《关于契丹小字研究》无疑成就更大,更具有突破性的积极意义。

□ 7.《关于契丹小字研究》掀起第三次契丹文字研究高潮

《关于契丹小字研究》发表后,在国内外学界引起轰动。日本京都大学的西田龙雄教授写了数万字长文介绍《关于契丹小字研究》的研究成果,并称"这是契丹文字解读的新进展"。1978 年 3 月的一天,刘凤翥如约去蔡美彪先生家拜访。蔡先生告诉他,已读过新出版的《内蒙古大学学报》"契丹小字研究专号",并在院部的一次座谈会上的发言中提到了他们的研究工作和《内蒙古大学学报》。蔡先生还说,《光明日报》将要发表他的发言稿,已排出了清样。

蔡先生遂拿出清样给刘凤翥看,并问他对有关段落的词句可有意见。看到清样上说刘凤翥排除"四人帮"的干扰,埋头钻研不为人知的契丹文字,终于取得重大进展等词句。刘凤翥就建议说,不要光提我一个人的名字,应把小组全体成员的名字都列上才公允。蔡先生听从了,当即提笔在清样上添上了其他人的名字。

《光明日报》很快在 3 月 11 日的发表了蔡先生的发言稿。第二天,新华社又发了题为《我国学者研究契丹文字获得重大进展》的新闻稿。接着大陆和香港的一些重要报纸都刊登了新华社的电讯。文中对他们的研究成果给予了高度的评价。

契丹文字研究小组的成立和《关于契丹小字研究》发表的有关情况,中国社会科学院民族学与人类学研究所学部委员、著名学者史金波曾这样评价说:

1975 年,在所、室的组织和支持下,刘凤翥与内蒙古大学著名蒙古语专家清格尔泰、陈乃雄等合作,成立了五人研究小组……以凤翥先生的研究为基础,双方各展优势,各显所长,珠璧联合,集体攻关,向契丹文这一世纪之谜展开了解读冲击。他们利用契丹小字中的汉语借词推定其读音,利用契丹语言资料扩大释读范围,研究契丹语语音、语法规律继续扩大释读范围的方法,取得了多方面实质性的进展。他们先是于《内蒙古大学学报》"契丹小字研究专号"上发表了近百页的《关于契丹小字的研究》,解读了 400 多条契丹小字的语词,为 140 多个原字构拟了音值。这一成果使长期徘徊不前的契丹文研究有了显著的新进展,跃上一个新的台阶,引起国内外专家特别是在民族古文字学界的很大反响,同时也带动了国内外学者参与契丹文字解读。

此外,他们给《考古学报》的稿子,编辑部请翁独健先生审稿时,翁先生代为改为醒目的题目《契丹小字解读新探》后,也很快就在《考古学报》1978 年第 3 期发表了。可以说,小组成员一系列研究成果一经发表及新华社的宣传,不仅引起了国内外学界的关注和首肯,也从此掀起了第三次契丹文字研究高潮,且至今犹方兴未艾。

这以后,契丹文字研究小组一起将《关于契丹小字研究》加以修改和增订,完成了一部16开本800页的专著《契丹小字研究》,并于1985年由中国社会科学出版社第一次出版,2018年又再版。此后,经刘凤翥授权,2016年此书又在韩国首尔出版了金泰京翻译的韩文版。

《契丹小字研究》在1995年获国家教委"人文社会科学研究优秀成果"一等奖。2019年7月16日,习近平主席来到内蒙古大学时,还亲自翻阅了《契丹小字研究》。这无疑表明,业内曾给予《契丹小字研究》"是继《辽陵石刻集录》和《庆陵》之后,在契丹文字研究史上具有里程碑意义的经典著作"之评价,当属受之无愧。

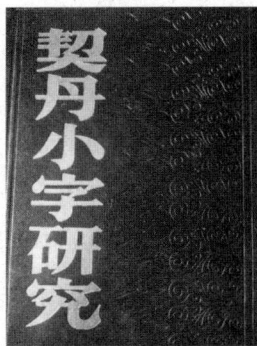

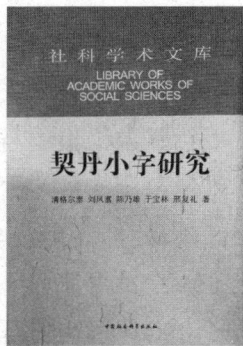

1985年版《契丹小字研究》	金泰京译的韩文版《契丹小字研究》(艺文春秋馆2016年首尔版)	2018年版《契丹小字研究》

第六章 新的拓碑行动与研究成果

为了进一步收集契丹文字的宝贵资料，刘凤翥在《关于契丹小字研究》《契丹小字解读新探》以及与于宝麟合写的《契丹小字〈许王墓志〉考释》先后发表的同时，又马不停蹄地从吉林哲里木盟开始了他第二次"大规模"的拓碑行动。

□ 1. 哲里木盟大踏查

1978 年 9 月 6 日清晨，完成了契丹大字《北大王墓志》拓制的刘凤翥终于乘上哲里木盟博物馆派的专用吉普车，开始了行程数千里的哲里木盟大踏查。这一次为期十天的行程，刘凤翥深入到水库边的古遗址，也攀登到山中的洞穴，虽几经不易，但终有收获。因而十天的考察经历，也让刘凤翥逐一留在笔下。

刘凤翥与盟里的张柏忠及海龙县第二中学教师孙进己在当日下午 2 时，抵达扎鲁特旗旗政府所在地鲁北。

第二天上午，他们来到扎旗香山农场三大队与水库之间的一处古遗址踏查。刘凤翥看到，遗址在一个小山丘上，周围遍布方砖、条砖，砖上有沟纹，还有布纹瓦和箅纹灰、红二色的陶片。他们还了解到，当地一个叫胡万良的同志，几年前曾在遗址中捡到一块刻有"唐郡主"汉字的方砖。下午他们又踏查了一处古遗址就返回了鲁北。

第三天上午,刘凤翥一行人前往扎旗民主公社的所在地格日朝鲁,他们在中午抵达,吃过午饭后即奔西山人工开凿的一些洞穴考察。在山脚下的深草和小树中吃力地攀登一阵后,终于找到了那些洞穴。刘凤翥看到,最长的洞穴进深差不多有 30 米,里面积满了一二尺厚的已变为粉尘状的鸟粪。脚一踏进去,鸟粪粉尘就没了脚脖子,味道难闻极了。但是刘凤翥还是强忍着臭味,打开手电,对所有的洞壁进行了勘察。结果没有发现契丹文字,只在两个洞中发现了汉字刻文,他顺手拓了拓片。

第四天上午,他们去了敖都木,在一个龟形的石砬子前摹录了蒙文题记,还有汉字"台吉""李常"等字样。中午仍是回到民主公社吃饭。下午他们在奔往乌兰哈达公社途中,发现了一个石砬子上的契丹小字墨书,但是只有一个带有所有格词尾的于义为"娘子"的单词尚可辨认,其他字都已模糊不清了。晚上他们住在了乌兰哈达公社。

第五天早上,刘凤翥在一位程老师家吃了炒米、奶豆腐、乌鲁馍(奶皮子)、奶子等蒙古族食品后,就直奔乌兰哈达公社的四家子大队五小队的阿贵洞。看到洞内的辽代乾统七年(1107 年)的汉字题记和契丹大字题记后,刘凤翥一一进行摹录。刚摹录完毕,忽听见热闹的吹吹打打声,原来是村中的蒙古族居民正在操办结婚典礼。他们立即前往观看。新郎官的哥哥立即把他们迎到家中并设宴款待。余兴未尽的刘凤翥还特地穿上一件蒙古族袍子拍了一张照片。这一天,拓碑之外又看到了蒙古族婚俗,并受到热情款待,还穿了蒙古袍拍照,可说是让刘凤翥几天来辛苦又单调的拓碑工作增

添了不少轻松感。

第六天，一行人去了前进公社西边农场的必格其哈达，刘凤翥对那里的蒙古文和女真文墨书一一进行摹录。之后奔往科右中旗旗政府所在地白云胡硕，拜会科右中旗文化局长达固拉。刘凤翥向她谈了在该旗的考察计划，并请她批转了去各地的介绍信。

第七天天黑时，他们到达吐列毛都公社，住在了铁道兵招待所。次日上午，即奔往海林大队二小队的巴日哈达。"巴日"为蒙古语"老虎"之意。哈达在半山腰，他们披荆斩棘，才穿过一人多高的灌木树林和蒿莱，几乎是爬行进入山洞。洞向南，西壁有契丹小字墨书，西壁中间有像一半拉门的凸起，凸起的北面也有契丹小字墨书；东壁有契丹小字的大字墨书，东壁中间仍有像半拉门的凸起，凸起处的南面有汉字墨书。

这里有两处契丹小字墨书和一处汉字墨书中都提到了"大康三年四月十三日"的年款。刘凤翥遂把透明塑料薄膜盖在墨书上面，接着用圆珠笔在薄膜上双钩描摹各处墨书。等回去之后，再用半透明的硫酸纸盖在塑料薄膜上转录下来，然后在双钩内填上墨。这种方法摹录与原字大小和形体均极相似。因为墨书不能拓制，除了照相之外，用塑料薄膜双钩摹录是最理想的方法。

第九天，他们去杜尔基公社的毛都营子大队，还没有进村就找到了有女真字墨书的石碴子。于是立即开始用塑料薄膜摹录。了解到此地即将建水库，女真字墨书也将全被淹没。刘凤翥在第十天的早晨和上午仍抓紧时间摹录女真字墨书。下午，完成了这个带有抢救性质的摹录工作后，刘凤翥又去了西尔根公社新艾力大队考察了在一个山谷中半山腰极为险峻且草、树均没人的三个山洞。逐个进洞考察后没有发现契丹文字后,他们才下山乘吉普车冒雨返回白云胡硕。次日返回通辽,至此结束了哲里木盟十日大踏查。

□2．难忘吉林省文物局长王承礼

哲里木盟十日大踏查结束两天后,刘凤翥乘火车离通辽奔长春。在辽宁省博物馆馆长李文信的引荐下,结束了哲里木盟大踏查的刘凤翥在抵达长春后的第二天上午,即去位于西安大路的吉林省文物局准备面见王承礼局长。结果得知王承礼在东边不远的吉林省博物馆开会。

见到前来的刘凤翥后,正在开会的王承礼立即对开会的人说:"今天的会先开到这里。我出去办点事。"说着就找司机开来一辆吉普车。俩人上车后,他对刘凤翥说:"我去给您接接关系,以后您在吉林省开展工作就好办了。"

吉普车直接拉着他们到了设在吉林省图书馆内的吉林省考古研究室(吉林省文物考古研究所前身)。王承礼先介绍刘凤翥与研究室的王健群、方起东、李健才和顾铭学诸同志认识,并告诉刘凤翥,有事可请他们协助解决。接着就又用车把刘凤翥送回招待所。

第二天上午,王承礼又亲自用吉普车接刘凤翥去伪满皇宫,那里是吉林省博物馆的一部分,主要是历史陈列。一进门,王承礼就领刘凤翥去参观历史陈列,还未等讲解员开口,他就亲自为刘凤翥讲解起来。从一楼讲到二楼,从旧石器时代一直讲到伪满时期。刘凤翥感到,王承礼对渤海和高句丽的文物讲得特别详尽,高句丽的巨幅壁画给他留下了深刻的

印象。

历史陈列讲完了,王承礼又给刘凤翥讲伪满皇宫。王承礼从楼内讲到楼外,西边的楼是先盖的,东边带琉璃瓦的楼是后盖的,每栋楼叫什么宫,哪间房子原来是溥仪的卧室,哪间房子是溥仪的办公室。王承礼还在院子中指着琉璃瓦当给刘凤翥看,刘凤翥看到上面有"协和"字样。王承礼还向他讲解了院子内溥仪的防空洞和游泳池。

没想到博物馆的讲解员看见他们的王局长一直陪着刘凤翥参观还亲自当"讲解员",就误以为刘凤翥是什么大人物,立即跑进去向馆领导汇报。结果博物馆和文物工作队各部门领导都出来了,还保持一定距离跟在刘凤翥和王承礼后面。

王承礼局长的亲自讲解让刘凤翥愉快又难忘,但那一天他的拓碑工作并未进行。因为博物馆保管部主任李莲说,有些文物在展柜内,开馆的时间刘凤翥去拓制不方便。一来容易招来观众围观,不能专心致志地拓制。二来也影响文物的安全。因此,于是他与李莲敲定,选择在闭馆日星期五(9月22日)去拓制。

刘凤翥遂在星期五上午来到伪满皇宫先拓制了汉字完颜希尹神道碑。完颜希尹是金代的开国功臣,又是女真大字的创制者,是金史上有名的人物。金代的碑刻传世甚稀,而完颜希尹神道碑又是其中的佼佼者。碑高约2米,宽约1米,正面、背面均有字,字大如拳,书法流畅秀丽。碑原来在舒兰县,"文革"中惨遭砸毁。虽已遍体鳞伤,但大部分字还在。

刘凤翥看到,巨碑侧卧在伪皇宫院内,正面、背面都露在外面,易于传拓。像这样的名人名碑,哪能放过拓制的机会。于是,整个上午,刘凤翥全身心投入,仅拓了一份。由于碑大,他仅拓了一份不说,还把带的宣纸全用光了。

午饭后,刘凤翥又拿来宣纸准备拓制契丹小字完颜通铜镜,该铜镜在 1971 年 6 月出土于吉林省大安县红岗公社永合屯小学校内,是当时学校修操场时从地中掘出的。该铜镜为每边9.5 厘米的等边八角形。镜背用双线钩出一正方形,再用单线间隔为五行,共铸五行契丹小字,每四字一句,共 4 句 16 字:﹝契丹小字﹞。似为《论语·阳货篇》中"天何言哉,四时行焉;百物生焉,天何言哉"的意译。但目前能确切解读的,仅 ﹝契丹字﹞(四)、﹝契丹字﹞(时)、﹝契丹字﹞(天)、﹝契丹字﹞(祸)四字而已。﹝契丹字﹞是"天"的时位格形态。

此外,契丹字四周有忍冬草花纹,镜的右上边槽内有汉字"济州录事完颜通"的签刻,此镜也因此刻而得名。当李莲用钥匙打开展柜,取出铜镜交给刘凤翥拓制时,他抚摸着那件海内孤品,内心非常激动,只感到一种极为愉快和幸福的享受。很快他就拓够了份数。

完颜通铜镜拓制完后,李莲又从文物仓库中取出从长白山一古庙中取回的两块木板。刘凤翥看到每块板上均有三个双钩体的不可识字。每个字都由两个偏旁组成。猛一看像契丹小字,也像西夏字,但仔细看都不是,更不是汉字。木板下面有榫,似为道教的神仙牌位。

虽然如此,但刘凤翥还是拓了几份,主要是为研究提供资料。因为从历史上看,当年渤海国割据东北建国虽两百多年,但传世的渤海碑刻却稀若凤毛麟角。吉林省博物馆当时也是仅有一件王承礼从敦化市六顶山渤海墓群中掘出来的

《贞惠公主墓志》(1980年又在延边朝鲜族自治州的和龙县出土了《贞孝公主墓志》),锁在博物馆历史陈列的玻璃罩内。物以稀为贵,所以对这样稀有的碑刻,刘风翥是不能放过传拓机会的。

于是李莲用钥匙打开锁,然后取下玻璃罩,让刘风翥传拓。他遂将墓志拓了三份,一份存民族研究所,一份存在自己手中,还有一份后来送给了王承礼的美国朋友简慕善(Johon C. Jamison)教授。

至此,刘风翥终于完成了长春的拓制任务。对于此次愉快而顺利的长春之行,刘风翥最感谢的就是吉林省文物局长王承礼。他也因此回忆说:

> 拓制完此墓志后,省文物局又派汽车把我送回招待所,从而顺利完成了在长春的拓制任务。工作之所以如此顺利,全靠了承礼同志极力提携所致。当时他是厅局级的大干部,我是无名无位的平头百姓。他竟然用屈尊给我当"讲解员"的办法来拔高我的身份,使我当时在吉林省文博界畅行无阻,而且车接车送,礼遇有加。他既给了李文信先生很大的面子,也给了我很大的面子,使我终生难忘。他是我此生中所遇到的有限的几位良师益友中给我印象最为深刻的一位。他虽今已作古,我将永远怀念他。

□ 3．最难拓的《大金得胜陀颂碑》

《大金得胜陀颂碑》位于吉林省扶余县,为金代的名碑,刻于大定二十五年(1185年),是金世宗巡访金上京时,听到当地父老谈到当年金太祖完颜阿骨打起兵灭辽，曾在得胜陀地方誓师，并有种种祥瑞吉兆出现等事之后，遂命臣下根据实录撰写碑文，在原地立碑以纪念金太祖誓师之事。碑的一面是汉字，一面是女真文字，二者是对译的。

《大金得胜陀颂碑》虽然在近千年前的金代就十分有名，却在元、明两代和清代前期一直默默无闻。直至清朝末年，才被清朝一官吏曹廷杰发现。当时碑已倒在龟趺下，且断为两段。民国初年，断碑被粘接在一起，重新安在龟趺上，并用砖砌了石碑楼子以加保护。"文革"中碑再次被推倒，断为三段。"文革"后，又把它粘接在一起，安到龟趺之上，在碑的表面涂了一层防止石碑风化的保护剂，还在碑的周围安了一圈铁栅栏（1985年刘凤翥再次去参观时已盖了保护碑的黄琉璃瓦亭子，并在碑旁盖了两间房子，派专人看守）。

这么有名的碑，刘凤翥自然不会"放过"。于是结束了长春的拓碑工作后，在吉林省考古研究室方起东的陪同下，他立即于9月26日乘火车离长春西行。下午2点多到达与扶余县仅隔一条第二松花江的前郭县后，接着就乘汽车过桥到了扶余县城。

让刘凤翥没有想到的是，《大金得胜陀颂碑》特殊的历史"磨砺"，竟给他的拓碑带来了诸多的不易。因此刘凤翥也称"这是我平生最难拓的一个碑"。他回忆说：

　　保护剂差不多把字口都填满了，而且保护剂过于光滑，虽用白芨，上纸也极不容易，况且碑又立着，秋风劲吹，野外作业极难操作。这是我平生最难拓的一个碑。整整一个下午竟没能上上一张纸。待天快黑时，风小些了才勉强上上汉字面的纸，乘着月光拓制。待拓完回到

伊家店时,已经夜静更深了。

第二天早饭后,方起东、刘法祥仍陪我去拓碑。起东用风衣给我挡着风,勉强分块上纸。女真文字部分只能分块拓,还拓了碑额。至中午,勉强拓出一份很不理想的拓片。还用早已准备好的手抄本对照原石校对了一遍。刚核对完毕,扶余县革委会的张副主任和组织部的郭部长等人视察水利路过得胜陀颂碑,法祥乘便上前请他们协助我们解决回扶余的交通问题。张副主任当即给伊家店公社的白秘书写了一张便条,大意是说省里来了几位同志,请热情招待并找辆车把他们送到扶余。我们回公社后把便条交给了白秘书。晚上,起东抄录我校对过的碑文。他的字既写得好又写得快,很快就抄完了。

□4．认清伪刻半截山女真字摩崖

拓完《大金得胜陀颂碑》后不久,刘凤翥又于10月抵达吉林省海龙县政府所在地梅河口。次日下午,海龙县宣传部王林部长派了一辆汽车送他去小杨公社庆云堡村,陪他一同去的还有海龙县文化馆的朴润陆同志。庆云堡村的范书记把他们安排住在一位社员家。在那里连续数天拓制完女真文字《杨树林摩崖》和赝品女真文字《半截山摩崖》后。刘凤翥就去了沈阳。

到了沈阳后,刘凤翥直接去拜会辽宁省博物馆馆长李文信先生。正是这一次的拜访交流,让刘凤翥认清了20世纪30年代初被发现的《半截山摩崖》是伪刻。

原来,传说20世纪30年代初被发现的半截山摩崖,曾报道说是距杨树林摩崖 30 里之南柳河县的沟屯。但在 20 世纪 60 年代,经后来学者实地考察,其与杨树林摩崖刻在同一块黑色的略似虎形的自然石上。也因此李文信馆长一见到刘凤翥就提出了"杨树林摩崖早在清代末年即被杨同桂发现,以后又有许多中外知名学者前往实地勘察。他们为什么当时均未发现今已查明同刻一石的半截山摩崖"的问题。

李文信馆长还谈到,最早传出半截山摩崖消息的是一个会拓碑也会刻碑,并有造伪恶习古董商人邢玉人。他曾用沈阳旧城墙的方砖,在上面刻了一个大个的庆陵哀册式的契丹文字,又在字的左侧刻了一行于义为"大康元年一月三日"的契丹字年款,不仅谎称此砖是在宁城县辽代静安寺旧址发现的,而且拓了许多此砖的拓片出卖。

当时一个日本的学者岛田好就买了一份,还写了一篇题为《辽静安寺契丹字砖额》的文章发表在 1936 年的《书香》杂志第 83 期上。文章认为那个大个的契丹文字是静安寺门上的砖匾"静安寺"中的"寺"字。

李文信馆长又讲了他当年在伪满洲国立中央博物馆工作时亲历的事:当时有一位日本医生名叫山下泰藏。他业余爱好文物与考古,受聘担任伪满洲国立中央博物馆的顾问。因此,他很快识破了邢玉人伪刻的契丹字砖。一天,山下把邢玉人召到博物馆里来,让他当着众人的面"坦白交代"契丹字砖的来历。邢只好如实承认为了卖几个钱花,是用沈阳旧城墙的砖伪刻的。山下命他当众把砖交出砸碎,把尚未卖出的拓片全部交出当众销毁。

此外,邢玉人也经常受雇为山下泰藏出外拓制拓片。例如海龙县《杨树林摩崖》的拓本就是邢玉人给山下拓回来的。就在为山下拓回《杨树林摩崖》拓片之后,邢玉人对山下说,

他在当地拓拓片时,听当地老百姓对他说,在距离杨树林摩崖之南 30 里的柳河县沟屯村的半截山亦有女真字摩崖,山下命其前往寻访。

赝品《半截山摩崖》拓本

邢玉人去了之后不仅寻访到了,还拓回了拓片。从此之后,学界始知有半截山摩崖之事。解放后,经过孙进己等人详细踏查,柳河县并没有名叫沟屯的屯子,也没有什么半截山,更无女真字摩崖。

李文信馆长推测是邢玉人在前往拓制《杨树林摩崖》时就近伪造了《半截山摩崖》。他为了掩饰其作伪,才谎称什么"柳河县""沟屯""半截山"等,纯系子虚乌有。另外根据孙进己于 1977 年打印的《海龙女真摩崖石刻》的报道:"也确有老乡说九缸十八锅的汉字碑原来没有,是日伪时期新镌的。"种种蛛丝马迹均说明《半截山摩崖》是邢玉人伪刻而非金代原物。

刘凤翥听了,猛然联想到,当时自己校对时,就发现《半

刘凤翥(左)李文信(右)(1978 年 10 月 17 日摄)

截山摩崖》的字口有些地方发涩,甚至刺手,有新镌刻的感
觉……再从女真文字方面看,也是把一些女真文字胡乱地堆
砌在一起,因为女真文字不是每字一词,而是二三字拼成一
个单词,胡乱堆在一起的字就构不成单词,故无人可识,这也
是作伪者女真文字水平不高所致。

由拓制《杨树林摩崖》到认清《半截山摩崖》伪刻,刘凤翥
觉得自己又学习和提高了许多。或许当时刘凤翥自己都没
有想到,正是这些学习和提高的积累,为他日后识别赝品打
开了一条通途。当然这是后话。

□5.《静安寺契丹文字砖额为赝品说》发表

1978 年,在完成了辽宁省博物馆馆藏的《宋匡世墓志》

《萧袍鲁墓志》等辽代汉字碑刻,以及辽阳博物馆收藏的老满文和汉字两种文字镌刻的后金名碑《大金喇嘛法师宝记》拓制后,刘凤翥撰写的《静安寺契丹文字砖额为赝品说》一文也在《民族研究》1979年第1期发表。

前面曾提到,"静安寺契丹文字砖额为赝品"之说是20世纪30年代日本学者山下泰藏识破邢玉人伪刻契丹字砖额之事。由于当时契丹文字研究所处年代的历史原因,此事并不为世人所知,当然也没有契丹文学者在学术界对此事发文。因而可以说《静安寺契丹文字砖额为赝品说》的发表,既是刘凤翥针对契丹文字赝品的第一篇文章,也是当年他在学术界吹响了讨伐契丹文赝品的号角。

邢玉人伪刻契丹字砖额的拓本

在该文中,刘凤翥将所谓静安寺契丹文字砖额"出笼"的时代背景、伪刻者及被揭露等过程写出后,就以契丹文研究学者的角度,从这块砖仅有的11个契丹字铭文开始一一剖析。

先看铭文中的最大的"寸"字。刘凤翥直指这个字中的寸"不见于所有契丹小字资料。虽然不能据此而贸然断定其为赝品，然而不能不使人引起注意"。接着他又对 寸 进行剖析："按照日本学者岛田好的释文， 寸 字应 为'静安寺'的'寺'字之意"，"然而根据最新研究成果， 仐 音[s]， 丹 音[p]，它们相拼之后与'寺'字之音毫无关系。"从而又指出了该砖为伪刻之一点。

这两点之后，刘凤翥又指出作伪者刻在静安寺砖额上曾释为"大辽国"的 又 尺 夾 叉 玼 刘 6 个字，已被契丹文新的研究成果推翻，因而"这块砖的赝品真面目也就大白于天下了"。

砖上的 尢夾 卒 字，刘凤翥则说道："尢夾 卒 这两个契丹小字分别为'元'和'年'之意。"并指出，"这是两个字，不是一个字。在所有的契丹小字资料中这 2 个字都是分开写的，唯独这块砖把它们写在一起作 尢夾 卒，这是作伪者不了解契丹字书写规则所致"。

至于砖上的 毛灭 艾屯 字，刘凤翥认为，可以分解为 毛 艾 屯 灭 4 个字，即"一月三日"之意。但是"在所有契丹小字资料中都是数目字和日月分开写，从无把某月某日拼成一个字的情况。也就是说，无论是"根据汉文顺序还是根据契丹小字原字组合的顺序都不可能出现如此砖那样从下往上念的情况"。还有在所有契丹小字资料中，都借用汉字习惯把"一月"称"正月"而不用"一月"。契丹小字中，"正月"作 宂 艾 而不作 毛 艾。此砖用"一月"而不用"正月"也暴露出作伪者的疏忽。

此外，刘凤翥还指出，该砖中 仐丙 刃 为年号"大康"的字，实

际又 ⿱⿰今丙刃 2 个字才是年号"大康"。而史载静安寺建成的咸雍年号,是用汉字记载的,在目前契丹小字中还没有发现。从而证实该砖上的 ⿱⿰今丙刃 为年号仍系伪作。

从铭文中的最大的 ⿱⿰今丙寸 字开始,一直到 ⿱⿰今丙刃 为年号的字,刘凤翥在本文中共归纳出 6 点,对伪刻的静安寺额砖一一剖析,不仅证实静安寺契丹文字砖额为赝品,更在当时的契丹文字研究领域独树一帜。

□6．关于混入汉字中的契丹大字"糺"的读音

不久,刘凤翥的《关于混入汉字中的契丹大字"糺"的读音》一文在《民族语文》1979 年第 4 期发表。这是他在 1978 年完成了契丹大字《北大王墓志》拓碑后,研究契丹大字发表的第一篇文章,因此,该篇文章亦是刘凤翥研究契丹文字之又一新的研究成果。

契丹大字"糺",最早见于辽代,往往与"紏"字相混使用。在辽、金、元三史中,有关"糺(紏)"字的军制、官制和户制等,为北方游牧民族所特有的制度,也是中外史学家长期争论而莫衷一是的重要课题之一。

因而刘凤翥在文中首先指出,"如果能把'糺'字的读音正确释出,或许会有助于进一步的研究"。同时点明本文的目的就是"试图考释一下'糺'的读音"。

于是,针对不同学者对"糺"字是"是契丹字"和"是一种契丹字和女真字的混合体"等不同观点,刘凤翥提出了"为了正确释读,首先应当弄清楚辽金史中的这两个字哪一个是正

契丹文字研究首席专家 刘凤翥传

字,哪一个是别字。其次要弄清正字是汉字还是契丹文字。如果是契丹文字,又须弄清是契丹大字还是契丹小字。只有弄清这些问题之后才能对它进行正确解读"的观点。

同时刘凤翥又以"随着契丹大字《北大王墓志》的出土,给上述问题的解决提供了一线曙光"。为引子,通过对契丹大字《北大王墓志》的拓碑亲历及研究,详细阐明"乣"字的"身份"为契丹大字,进而写出对"乣"的"初探"。

《北大王墓志》共有汉字志盖和契丹大字志文两石。志盖背面有汉字志文。汉字部分第 9 行有"大王入仕年月,历宦官姿,并次于契丹字内"一句话。说明汉字和契丹字各有侧重,不是互相对译的。汉字部分着重说明地杰人灵和大王的亲属,契丹字部分是履历表。契丹字部分第 4 行和第 5 行均出现了"乣"字:

刘凤翥总结出,这就准确无误地表明,混入汉字中的"乣"原来是一个契丹大字,其字形本不作"紤",也不作契丹小字 **扎** 和契丹小字 **仐仇**,更不作契丹小字 **叐**。

总结出"'乣'原来是一个契丹大字"的结论后,刘凤翥又从"契丹大字较契丹小字与汉字的关系更为密切,汉语借词更多"入手,从汉字和女真字与"乣"字相近的字对"乣"字读音进行剖析。

与 **乣** 相近的汉字是"幼"和"幺",相近的女真字是 **外**。各种版本的《女真译语》都标明女真字 **外** 音"又"。在罗福成类次本《女真译语》第二册《海西建州乣卫都指挥使哈出哈男琐奴来文》中,一开头的六个女真字是音译的"海西建州乣卫"六个字,其中与"乣"对译的是女真字 **外**。**外**字既然音"又",

与它对应音译的字当然也应音“又”。“又”与“右”同音。“建州乣卫”即“建州右卫”。因此可以推知，在修《女真译语》的明代译语作者还认识混入汉字的契丹大字乣，而且还知道该字与“右”有同音互借的用法。

刘凤翥总结出，由汉字“幼”到契丹大字乣，再由契丹大字乣到女真字幺卜，字形仅仅变化了右边的偏旁，决定其读音的左边的“幺”一直没变。这都说明《女真译语》和《续宏简录元史类编》的注音都是正确的。

就在辽代，这个契丹大字就混入汉字。由于汉字中原没有这个字，在使用时往往与字形相近的汉字“糺”字相混淆，于是还在辽代“乣”字就成了“糺”字的异体字。

而“乣”字则是一个参照汉字制成的契丹大字，再由契丹大字混入汉字，混入汉字之后又与“糺”字相混的复杂过程。女真人则参照契丹大字乣又造了女真字幺卜。从这里我们可以看到祖国大家庭中各民族之间在语音文字方面互相学习和互相影响的一个例证。

□7．考释契丹语“迤逦免”和“乙林免”

1980年，刘凤翥完成了《释契丹语“迤逦免”和“乙林免”》一文，并在《沈阳师院学报》1980年第1期发表。这是继1979年发表的《关于混入汉字中的契丹大字“乣”的读音》后，刘凤翥对契丹语研究的又一成果。

“迤逦免”出自辽宁省朝阳出土的辽代《耿知新墓志铭》中“大横帐燕京留守、燕王累赠陈国王，乃外祖父也。封陈国迤逦免夫人，乃外祖母也”之句。“乙林免”则出自辽代汉字

《北大王墓志》中"(耶律万辛)又娶得索胡驸马、衮胡公主孙，奚王、西南面都招讨大王、何你乙林免之小女中哥，贞顺成风，言容作范。6年内加北大王封为乙林免"。

对于两个墓志铭中分别出现的"迤逦免"和"乙林免"，当时契丹文字研究领域的学者给出的"评语"仅仅是"'迤逦免'契丹语封号，语意不详"，以及"'迤逦免'当是契丹语中的一种尊称，又作'乙林免'，既不见《辽史》也不见《辽史·国语解》，无疑是《辽史》的漏略"。

也就是说，"迤逦免"和"乙林免"到底为何意，当时并没有一个最终的准确释义。因此刘凤翥在表明"本文试图对这一契丹语作一探索性的考释"。后即指出，"首先应当引起我们注意的是，'迤逦免'和'乙林免'这个契丹语封号是用在女人身上的一种封号。并且现有资料表明，只有丈夫被封为'王'的女人才能得到这种封号"。

由此刘凤翥又指出，《耿知新墓志铭》中提到的耿知新的外祖母之所以能够"封陈国迤逦免"，是由于耿知新的外祖父"累赠陈国王"。《北大王墓志》中提到的萧中哥的母亲何你之所以为"乙林免"，是由于萧中哥的父亲为"奚王"和"西南面都招讨大王"。萧中哥本人之所以为"乙林免"，也是由于她结婚后，她丈夫耶律万辛"六年内加北大王"。因此，刘凤翥认为，这都表明，女人们的"迤逦免"或"乙林免"的封号都同她们的丈夫"王"的封号相对应。

紧接着，刘凤翥又以大量汉文汉语资料中"辽代封为'王'的人，其妻的封号可以为'妃'……也可以为'夫人'"的记载，以及《辽史·国语解》中对"夷离的"的解释，进而推测出"'迤逦免'与'乙林免'的语意应与它同词干的'夷离的'相同，即'大臣夫人之称'"。

列出以上几点后,刘凤翥作出了对契丹语"迤逦免"和"乙林免"考释的最后结论:"总之,我认为,'迤逦免'与'乙林免'是契丹语封号,丈夫封为王的女人可以得到这种封号,其语意为'夫人'之意,也可能为'妃'之意。"

《释契丹语"迤逦免"和"乙林免"》一文虽然文字不多,却语言简洁,论点清晰。可说是以翔实有力、不容置疑的资料释出了当时契丹语研究领域尚未破解的契丹语"迤逦免"和"乙林免"的语意。因而不仅引起同行学者的重视,更得到这一领域内专家学者的首肯赞许。为此付出辛勤汗水的刘凤翥更是感到由衷的高兴和欣慰。他回忆说:

> 1980年9月18日,我出差去长春时,顺便拜访吉林大学的罗继祖(罗振玉之孙)教授。一见面他就盛赞我那篇《释契丹语"迤逦免"和"乙林免"》文章立论精辟。他说:"除非将来地不爱宝,出土一部契丹语词典,词典中的说法与您的说法不一致才能推翻您的结论。否则,您的说法将永远是最令人信服的最合理的说法。"他对我的这番如实的赞许,使我感到特别高兴。

此后《辽代石刻文编》等书采用刘凤翥的上述成果,但不加注,还画蛇添足加了一个"妻"字。因此刘凤翥说:"'妻'是任何已婚女人都有的身份,怎么会成为封号呢?笑话。"

□ 8 . 中国民族古文字展览

1980年10月国庆节后,在中国民族古文字研究会和民族文化宫以及国家民委文化司等单位的积极筹备下,中国民族古文字展览在北京民族文化宫举行。此次展览由于准备充分,则规模更大,因而相比 8 月份中国民族古文字研究会在承德博物馆举办的内部民族古文字展览,前来参观的人也更多。

作为中华人民共和国著名的契丹文研究学者,刘凤翥自然是此次展览的积极筹备者之一。因而他不仅在开幕前为讲解员进行了培训,更凭借十几年拓碑积累的"人脉",从多地博物馆借调来了各种珍贵的契丹文字文物。

他的努力无疑为此次展览增添了不少光彩。因此刘凤翥说:"在中国民族古文字中,契丹文字的文物远不如其他民族古文字文种如西夏文、满文的文物多,但在这次展览中,相较而言,契丹文字的实物最多。这是我特别高兴的一件事。"

"契丹文字的实物最多"固然是此次中国民族古文字展览的一大亮点,但在它的背后,却处处都是刘凤翥为此付出的辛勤汗水。

还得从这次展览开始筹备工作说起。一开始,刘凤翥就受筹备方中国民族古文字研究会、民族文化宫及国家民委文化宣传司之命,拿着国家民委的介绍信来到呼和浩特准备借取有关契丹文字的文物。他先到内蒙古自治区党委宣传部办一个批转介绍信,然后才去的内蒙古自治区文物处。本以为有了当地党委的"批转"就没什么问题了,没想到自治区文物处一个姓丁的女同志看了刘凤翥经过"批转"的介绍信后仍是对他说:"国家民委怎么管到我们文物部门头上呢?你的介绍信不好使。"刘凤翥就对她说:"我要借的是民族文物。内蒙古自治区是民族地区应归国家民委管。"但那位女同志还是说:"民族文物也总归是文物,凡是文物都归国家文物局

管,你必须去国家文物局换个介绍信。"

刘凤翥只得说:"参加展览的单位有国家文物局。您先给我找个住处,我往北京挂个长途电话,请他们给我换个国家文物局的介绍信来。"

于是刘凤翥一办好内蒙古文化局招待所入住手续后,就立即跑到邮电局给于宝麟挂了长途电话。了解到刘凤翥在呼和浩特的情况后,于宝麟叫他耐心等待,由筹备组去文物局交涉。

挂完电话,刘凤翥从别人口中得知,那位不给他借文物"行方便"的丁姓女同志叫丁学芸,是比他高两届的北大同学。三天后,于宝麟寄来了国家文物局办公室开具的介绍信。刘凤翥立刻又去内蒙文物处。没想到丁学芸看到介绍信后,仍是露出了不高兴的表情。刘凤翥趁她未开口,先说道:"听说您是高我两届的北大同学,您是与姚婉贞一届的吗?我是57届的。您让我换国家文物局的介绍信,我给您换来了。您得多关照。"

话说到这份儿了,丁学芸却还不想"放行":"严格说来,您借调文物应该开带国徽的文物局介绍信,您这张文物局办公室的介绍信只能做兑换粮票之类使用,借调文物有点……"

没等她说完,刘凤翥就赶紧说:"不管怎么说它是国家文物局的介绍信,大师姐您得帮帮我,可不能让我虚此一行啊。"禁不住刘凤翥的软磨硬泡,丁学芸终于开了口:"您先开一个您所借文物的单子,我请示一下领导,明天您再来一趟,我一定给您个答复。"

她拿出一张纸,刘凤翥赶快在纸上将所借文物名称,包括四方城出土的带契丹字的陶笔洗和辽三彩陶砚,白塔子出土的有契丹大字边款的铜镜，辽祖陵出土的辽太祖纪功碑契丹大字残石，翁牛特旗出土的契丹小字《故耶律氏铭石》，以及巴林左旗出土的契丹大字银钱等。

第二天，刘凤翥又来到文物处。在一间挺大的屋子里，一个大写字台后面坐着一位体态微胖的老者，丁学芸介绍说："这位是阿处长。"刘凤翥与阿处长互相寒暄后就坐在了他旁边。除了看到屋内在座的还有博物馆文浩馆长等几位同志外，刘凤翥还发现他昨日开的那张单子就在阿处长的写字台上，上面已用红色铅笔写着"同意。阿日贡"。

接着应阿处长之邀，刘凤翥把举办"中国民族古文字展览"的缘起及其意义说了一下。阿处长听了，就对在座的人说："文物有的是博物馆的，有的是工作队的，你们回去整理一下及时送往北京。"

可是文浩馆长说："快到国庆节了，有的文物我们国庆节也要布展用。"刘凤翥立刻说："你们要用哪一件可以留下，即使在北京展览着，你们也可以根据需要随时把文物撤回来，不用等北京的展览闭幕。"最后还是阿处长一锤定音："全国支援北京嘛。我们自己的展览多一件少一件没关系。"大家也就不再言语。刘凤翥就势接茬说："请把文物包装好，由你们派人送到北京民族文化宫。"

就这样，丁学芸和几个人帮着打包，由博物馆安排一人护送文物和刘凤翥一起去北京。到北京把文物妥善交给民族文化宫后，刘凤翥立即又从北京出发，直奔吉林省长春市博物馆借调契丹大字铜印。这次比较顺利，他们答应后，就由李莲护送到北京。

接着刘凤翥又从长春出发奔往沈阳。到了沈阳手续就比较麻烦了。他先去辽宁省委宣传部批介绍信，就这样，由

宣传部批给省文化局,文化局长批给文物处长,文物处长批给辽宁省博物馆,最后由辽宁省博物馆长批给保管部两位主任,兜兜转转,才算最后落实。刘凤翥本打算借契丹小字哀册。但一个主任说什么也不答应。只好借出一面带契丹大字边款的铜镜。

沈阳的事办完了,刘凤翥又直奔赤峰市。这时,苏赫先生已经恢复了昭乌达盟文物工作站站长的职务。刘凤翥拿着介绍信向他借调翁牛特旗出土的契丹小字《故耶律氏铭石》原石。苏赫先生不仅痛快答应,而且立即打包,还派文物站两位同志护送去北京。

刘凤翥也很快转乘长途汽车去巴林左旗文化馆借调契丹大字大银钱和西夏字铜钱。文化馆长刘德高是刘凤翥1975年认识的老朋友,因而他立即把契丹大字大银钱和西夏字铜钱交到刘凤翥手中,带着文物的刘凤翥也很快返回北京。至此,刘凤翥终于圆满完成了借调契丹文字文物的任务。

作为此次中国民族古文字展览最具权威的专业人员,刘凤翥除了亲自为乌兰夫等中央领导同志讲解外,还亲自接待了一位慕名而来的研究契丹文的外国学者。对此,刘凤翥也曾回忆说:

中国民族古文字展览在当年10月初开幕,共展出一星期。我们几个专业人员轮流值班。开幕前对讲解员进行了培训。开幕后,一般由讲解员进行讲解。遇有特专业的参观者才由我们值班人员讲解。

我正在休息室值班,突然讲解员进来对我说:"有一位外国参观者对契丹文字部分特别感兴趣,问的问题我回答不了,刘老师您去给应付一下。"我走了出去,在契丹文字展板前,站着一位白皮肤的外国年轻人,他用流利的汉语对我说:"您是不是刘凤翥先生?"我说:"是的。您怎么知道我的名字?"他说:"我叫康德良(Daniel Kane),是澳大利亚人。我为了做契丹文字的博士论文,特意在外交部谋了个差事,在澳大利亚驻华大使馆工作,为了来中国收集契丹文字的资料和结交契丹文字专业的学者。我来中国快3年了,很失望。各大图书馆都不让外国人进,也不允许外国人随便接触中国人。我早就知道您的名字,但没有办法见到您。今天来参观,无意之中见到您,可算是有缘分。你们以前不订阅西方的书刊,近些年又很少订阅苏联的书刊,你们的信息有断层。澳大利亚的意识形态偏见少一些,各国的书刊都订阅。今后我把你们所没有的苏联和西方有关契丹文字的资料都复印一份给您,您有什么有关契丹文字的研究成果也给我一份,我把它介绍到苏联和西方去。"从此,我们就成了好朋友。30多年以来,一直保持着密切的学术联系。

中国民族古文字展览闭幕后,归还文物途中的刘凤翥,又受大连史学会邀请,为其会员和辽宁师范大学历史系的师生讲了一下午的契丹文字。一时引起媒体关注,《大连日报》还专门做了报道。

从借调文物,到亲自讲解,再到受邀讲契丹文字,一次中国民族古文字展览,虽不过短短的一周,却处处都让我们看到刘凤翥对契丹文字研究的执着追求与无私奉献,更彰显出他在中华人民共和国契丹文字研究道路上不可替代的突出地位。

从左至右依次为康德良、刘凤翥、李春敏（2015年8月5日摄）

□9. 去陕西拓制契丹小字《大金皇弟都统经略郎君行记》

1982年，在完成了《建国三十年来我国契丹文字的出土和研究》《契丹大字和契丹小字的区别》《从契丹小字解读探达斡尔为东湖之裔》，以及与于宝麟、郭晓丹等人合作完成了《解读契丹小字的两个方法》等论文后，刘凤翥又抵达陕西省乾县完成了唐乾陵无字碑上的契丹小字《大金皇弟都统经略郎君行记》的拓制。

乾陵无字碑即有名的武则天陵前的无字碑。因为有名，所以自唐朝之后的金代开始，就陆续有人在武则天的无字碑上刻字，一直到把碑刻满。众多的刻字中，最知名的就是刻于金代天会十二年（1134年）的契丹小字与汉字对译的《大金皇弟都统经略郎君行记》。

20世纪80年代初,虽然已是改革开放初期,但我国很多地方还没有得到发展。因此刘凤翥来到西安拓制《大金皇弟都统经略郎君行记》,首先遇到的困难就是出门在外的住宿问题。他回忆说:

> 我们下了火车后,怎么也找不着旅馆,只好让于宝麟在车站看着行李等着,我去南郊的西安师专(今西安联合大学师范学院前身)找北大时同年级的同学张忠政求援。张忠政冥思苦想了半天仍然是一筹莫展,只好把他大儿子暂时安排到商业学校内的小卖部去睡,我与于宝麟就与他们的两个儿子挤在一间小平房内,吃住均在他家。
>
> 第二天下午,我猛然想起中国社会科学院考古研究所在西安有一个工作站,立即前往求援。我与工作站负责人张长寿虽然不熟,但是认识。经过交谈,他答应给我们安排住处,但让我们必须到外面吃饭,因为他们所雇的一个做饭的很不好说话,经常甩脸子。我说我们可以到街上去吃饭。于是立即去张忠政家叫着于宝麟把行李搬来。这才安下心来在西安工作。

住宿问题解决了,刘凤翥先在西安碑林完成了珍贵的女真字墨书残页的摹录,接着就开始准备拓制《大金皇弟都统经略郎君行记》了。

他们从西安乘长途汽车奔往乾县的唐乾陵。在乾陵博物馆下汽车之后,又步行数里路和爬山才到了乾陵。远远望去,无字碑非常高大。刘凤翥判定,刻在碑上的《大金皇弟都统经略郎君行记》高度应在两三米之上,如果不搭脚手架肯

定是无法拓制的。

于是,于宝麟留在原地照相,刘凤翥进村去找乾陵博物馆韩副馆长。见到了省文化局的介绍信之后,韩副馆长不仅非常爽快地答应了刘凤翥他们自行拓制《大金皇弟都统经略郎君行记》,而且还为他们安排了住处,以及找人帮着搭脚手架。

脚手架很快搭好了。刘凤翥终于在脚手架上近距离看到了著名契丹文字碑刻《大金皇弟都统经略郎君行记》简称《郎君行记》的"风貌"。后来,刘凤翥撰文是这样描述的:

《郎君行记》占据了无字碑中最好的位置。先用云雷纹在无字碑的正面上部中央圈出宽93厘米、长140厘米的一块面积。在这块面积内先用篆体汉字在上部刻了三行十二字的额题"大金皇弟都统经略郎君行记",额题下面,右边刻了五行契丹小字,左边刻了五行汉字。再左边又刻了提示性的"右译前言"四个汉字。它清清楚楚明明白白地告诉后人,其右边的5行汉字是对前面五行少数民族的文字的翻译。《郎君行记》的汉字不长,具体字是这样的:

大金皇弟都统经略郎君,向以疆场无事,猎于梁山之阳。至唐乾陵,殿庑颓然,一无所睹。爰命有司鸠工修饰。今复谒陵下,绘像一新,回廊四起,不胜忻怿。与醴阳太守酣饮而归。时天会十二年岁次甲寅仲冬十有四日。尚书职方郎中黄应期、宥州刺史王圭从行奉命题。右译前言。

据清代钱大昕《潜研堂金石跋尾》的考证,碑中的郎君应为时任陕西副都统的撒离喝。

刘凤翥在脚手架上拓制《郎君行记》（1982 年
10 月 29 日摄）

接着他们就开始了连日拓制《郎君行记》的工作。一连
三天，他们共拓了 6 份。到了第四天，他们原本打算再拓一
份。无奈风太大，他们怎么也上不上纸。刘凤翥只好从脚手
架上下来走一走。走到献殿遗址前，看到了 61 座均已残去
了头颅的外国使臣石雕像。沿着石像群往北走又看到一对
石狮子。刘凤翥继续往前，走到东边石狮子的东北角时，看
到了一块上面有字的残石。当时他就想，与其干等着风停不
如先拓一下这块平卧的残石，于是喊来正在照相的于宝麟，
并让他将脚手架上的拓制工具带上。

俩人开始准备拓制，细看时才发现残石虽仅剩了约四分
之一的右上角，但上面的字与《郎君行记》的字完全相同，这
件意外的发现，让他们喜出望外。残石上还粘了一些水泥和
石灰。他们把那些水泥和石灰铲掉之后就立即拓制了几份
拓片。当晚，他们把《郎君行记》和残石的拓片各一份送给韩

副馆长,请他转交博物馆惠存,还把残石的发现经过向韩副馆长做了汇报。

后来刘凤翥了解到,残石原在石马道村最早迁来的一户农民的屋基下。后来这户人家把旧房卖给了另一户的老辈人。以前村里老辈人曾管这块残石叫金兀术碑。再后来这户人家在拆旧房准备盖新房时把残石取出,并把它与一石人放在门外。到了 1980 年,乾陵博物馆的人在村中发现石人和残石,认为都应为乾陵之物,于是就把它们移往乾陵的范围内,但当时谁也没有发现残石上有字。听到刘凤翥他们的汇报后,韩副馆长立即派人把残石运往馆内收藏。

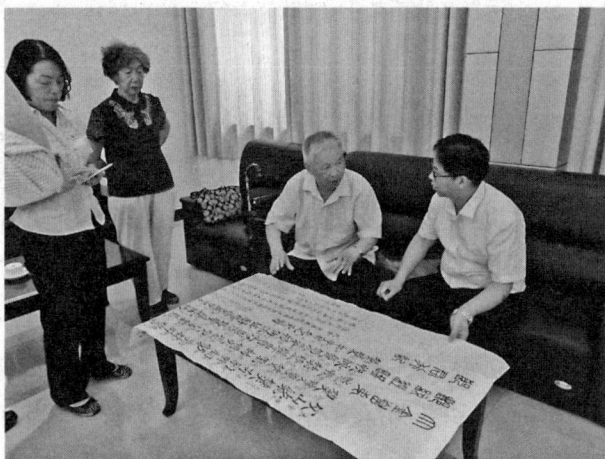

从左至右依次为陈晔、李春敏、刘凤翥、侯晓斌(2018 年 6 月 13 日摄于乾陵博物馆接待室)

此次西安之行,刘凤翥不仅顺利完成了拓制工作,而且还意外发现了陵区内一块残石上的刻字与《郎君行记》完全相同。这个意外发现,不仅是刘凤翥的一大收获,也为他此次《郎君行记》的拓制工作锦上添花。

36 年之后，耄耋之年的刘凤翥于 2018 年再次考察了唐乾陵无字碑，并向乾陵博物馆捐赠其妻李春敏老师临写并带释文的《郎君行记》。

□ 10．不断"出新"的契丹小字解读之"探"

去陕西拓制契丹小字《郎君行记》归来不久，刘凤翥又完成了《契丹小字解读再探》，发表在《考古学报》1983 年第 2 期。自《考古学报》在 1978 年第 3 期发表了刘凤翥与契丹文字研究小组共同完成被评价为"契丹文字解读的新进展"、"在国内外学界引起轰动"的《契丹小字解读新探》后，这是刘凤翥独立完成的解读契丹小字的文章，也是他不断"出新"的契丹小字解读之"探"的开始。

虽然 6 年前《契丹小字解读新探》的出版引起了国内外学界的关注和首肯，并掀起了第三次契丹文字研究高潮，但一向刻苦钻研的刘凤翥认为还需解读更多的契丹本民族词汇。因此他说："有感于《新探》所释出的契丹小字中汉语借词较多，契丹本民族的词汇太少，而解读契丹小字中的契丹本民族的词汇是契丹文字研究工作中最重要的课题，所以写此文试图在这些方面再做些探讨。"

本文中，刘凤翥分别以"序说""解读"及"对契丹原字性质的再认识"三个部分，从《郎君行记》《萧仲恭墓志》《仁懿皇后哀册》及《故耶律氏铭石》等契丹小字碑刻入手，不仅对契丹小子中的"契丹""可敦""哈喇契丹""国舅""夫人"等契丹原字进行了深入解读和再认识，更解读出 𤇣、𤇣 等总计 18 个既知读音又知其意的新释契丹小字，以及知其意尚不能全

部读音的 厷 孞化 小 等新释契丹小字。还有别人已经释出字义刘凤翥给拟音的 叐、山 和 山 等契丹小字。

文章结尾处,刘凤翥还指出,对别人拟对经验证无误的 145 化 me、137 化 r 应予采纳。对研究小组原先所拟的 27 及 ai、125 叐 da、126 杓 gu 应予修订。

归结起来,《契丹小字解读再探》虽不过万余字,但无论是对大量真实碑刻资料的旁征博引,还是对契丹原字的深入解读及不同程度解读新释的契丹小字,都是刘凤翥在《契丹小字解读新探》后,对契丹文字研究的又一突破。

《契丹小字解读再探》完成后,刘凤翥又先后发表了《契丹小字与汉字的关系——兼谈契丹小字的制字方法》《契丹小字道宗哀册篆盖的解读》《契丹小字 山 和 山 的解读及其它》《若干契丹小字的解读》等有关契丹小字研究方面的文章。

1987 年,刘凤翥完成的《契丹小字解读三探》由香港中文大学出版。1993 年,刘凤翥完成的《契丹小字解读四探》由台北大学和《联合报》国学文献馆出版。1995 年 9 月,刘凤翥完成的《契丹小字五探及其它》由中国文史出版社出版。同年 12 月,刘凤翥与朱志民、周洪山、赵杰合作完成的《契丹小字五探》在台北《汉学研究》第 13 卷第 2 期发表。

从 1978 年到 1995 年,从《契丹小字解读新探》到《契丹小字解读再探》,一直到解读契丹小字的"三探""四探"及至"五探"。近 20 年的光阴,刘凤翥通过不懈努力和顽强拼搏,不断为契丹小字的解读"添砖加瓦",使契丹小字解读之"探"不断"出新"。这是他辛苦付出取得的丰硕成果,更是他对我国契丹文字研究的又一卓越贡献。因此,他于 1989 年被提升为研究员,兼研究生院教授。

□ 11．由拓碑转而抄录契丹小字《耶律仁先墓志》

《契丹小字解读再探》发表后，刘凤翥又于 1983 年 7 月 18 日奔赴辽宁省北票县莲花山东山村的辽宁省博物馆考古队的考古工地。因为那里新出土了耶律仁先及其子耶律庆嗣的汉字墓志各一盒。耶律仁先墓志盖背面还刻有契丹小字墓志 70 行，共 5100 余字，是传世契丹小字资料中字数最多的一件。

耶律仁先是辽朝人。据《辽史》记载，他曾在辽兴宗时出使宋朝，不仅促成让宋朝每年向辽朝增输岁币银 10 万两和绢 10 万匹，而且还以"贡"的名义向辽朝输送，改变了宋朝坚持"赠"字的情况。虽一字之差，仁先却足可称得上名声不斐的辽朝外交家。

此外，在平定耶律宗元（《辽史》误作"重元"）的叛乱中，仁先也充分发挥了勇敢而足智多谋的才能。因此刘凤翥认为，耶律仁先的墓志尤其是契丹小字墓志对他的《辽史》本传多有匡补。而如能将契丹字墓志彻底解读，则将对他有更深入的了解。

碍于种种原因，刘凤翥此行没有拓得耶律仁先及其子耶律庆嗣的墓志。无奈之下，刘凤翥只得用一星期的时间将耶律仁先的汉字墓志和契丹字墓志，以及耶律庆嗣的汉字墓志各抄一份而归。

一直到 19 年之后的 2002 年 8 月，冯永谦先生才在阜新送给了刘凤翥一份契丹小字《耶律仁先墓志》拓片。拿到拓片的刘凤翥一时不知说什么，想起自己 20 多年来为寻踪契

丹文字的拓碑历程,不由心中感慨万分,遂在拓片边上题了一首诗:"一十九年得一纸。欣慰甘苦谁人知?人情常言薄如纸,我谓此纸重千金。"

□ 12． 最得意的嘎仙洞石刻祝辞拓制

1987 年 9 月,刘凤翥又完成了被他称为"几十年拓碑生涯最得意的"作品——《嘎仙洞石刻祝辞》。

位于鄂伦春自治旗阿里河附近的嘎仙洞石刻祝辞刻于北魏太平真君四年(443 年),因其历史悠久刻工精美故有"海内神品"之称。刘凤翥也因此在 1980 年得知嘎仙洞石刻祝辞被发现的信息时,即萌发了在适当时机去拓制的想法。

1987 年 9 月下旬,带着渤海史专业硕士研究生金香同学结束了在吉林省和黑龙江省多处古迹和古墓群的考察后,刘凤翥决定顺路去拓制嘎仙洞石刻祝辞。他先与嘎仙洞石刻祝辞的发现者米文平电话联系。米文平起初只答应陪着刘凤翥参观嘎仙洞,不同意拓制。刘凤翥说不同意拓就不去了。米文平对刘凤翥极尊重,听说刘凤翥不去就勉强答应了。想不到刘凤翥与学生金香于 1987 年 9 月 20 到达海拉尔之后,米文平又变卦了。理由是"我们呼盟文物工作站存有聘请国家文物局拓碑专家张明善拓制的石刻祝辞的最好的拓片。复印一份或拍份照片给你供研究之用,你就不必再劳神受累地去拓了"。

刘凤翥一听就不高兴了,立刻对米文平说:"君子一言,驷马难追。重然诺是自古之美德。我在哈尔滨给您打电话时您已答应我拓我才来的。怎么我来了您又食言。我不喜

欢复印件,我就愿意收藏我自己动手拓制的原拓片。"

米文平只得说:"自从石刻祝辞发现以来还没有允许个人拓拓片,甚至单位拓也不允许。鉴于您协助我拜访张政烺、启功、苏秉琦、蔡美彪诸名家,使祝辞中的字全部认出来的贡献,我特意破个例允许您去拓。但有一个条件:您拓的水平若能赶上张明善,就让您把拓片揭走;如果您拓得不如张明善拓得好,对不起不能让您把拓片带走,只能送您一份张氏拓本复印件。"

刘凤翥说:"请您把张明善拓本拿出来我看看。"仔细看了米文平从保险柜中取出的张氏拓本后,刘凤翥对他说:"我同意您的条件。"米文平说:"您可说话算数,不许反悔。"刘凤翥说:"算数。咱们谁也不许反悔。"

又是一番"交涉"后,刘凤翥终于和学生金香于 9 月 23 日乘火车离海拉尔向东翻越大兴安岭来到距嘎仙洞石刻祝辞不远的鄂伦春自治旗旗政府所在地阿里河。但没有想到,原本信心满满的刘凤翥却经历了两次才完成了这一次拓碑。其过程虽有些曲折不易,却被刘凤翥称为"最得意"的拓碑。

那天下午,旗文化局派了一辆汽车。在米文平、白劲松(白岩松的弟弟)、厉伯军局长和旗文管所的黄清福所长的陪同下,刘凤翥和金香前往嘎仙洞。进洞之后就立即开始拓制,还没拓到 2 小时,一起来的人就催刘凤翥收兵好回去吃晚饭。

但是在当时的环境下,宣纸在洞内是不容易干的,而且洞壁还微微往外渗水,这样纸就更不易干了。而若纸不干到一定火候就往上上墨肯定非洇不可。另外上完一遍墨之后必须等纸干了才能再上第二遍墨。但是几个人忙着吃饭,一催促,刘凤翥上墨的遍数就快了。这样的的话,必然使纸越

上越湿。果然是当时往下揭时还勉强字迹清楚,但返回到饭馆之后,已洇得一塌糊涂。不用说,刘凤翥在嘎仙洞的第一次拓制失败了。

刘凤翥拓制嘎仙洞石刻祝词,金香(中)、米文平(右)(1987年9月25日摄)

这一下,原本就是勉强答应刘凤翥拓制的米文平立刻振振有词地说:"不让您拓您非要来拓,还自认为能赶上张明善,结果如何? 认输了吧?"刘凤翥自然是不甘心:"拓碑是个细活儿,不能催。请再给我一次机会。因为我对洞壁渗水的情况不了解,所以今天失败了。明天早饭吃点馒头或面条就行了,不许喝酒。8点之前就出发,把我送到洞中之后你们就随汽车回来,免得在那里老催我。我带点面包做午饭就行了,不许催我回来吃午饭。我当天拓不完就住在你们在那里盖的那两间房子内,第二天接着拓。倘若还拓不好,我认输。"米文平和那位厅局长只好答应再给他一次机会。

第二天,果然早饭简单。他们8点之前就出发了。进洞之后,刘凤翥先细心地上纸。上完纸之后,他又不时用手去摸纸的湿度。到了中午，随着阳光射进洞内，水分蒸发的速度也超过了石头渗水的程度，纸也逐渐干了。刘凤翥丝毫不放松，抓住时机，一遍又一遍慢慢地细心往上上墨。

中间稍事休息时刘凤翥才发现，米文平和厉局长等几个人都没有回去，他们一直在山下的汽车附近等着。中午大家一起吃了些月饼、蛋糕和熟肉后，刘凤翥又开始继续拓制。石刻祝辞是刻在天然的石头上，石面虽经过了简单修整，但仍不平，石头的裂缝与字的笔画混杂在一起，可以想见，如此的石刻祝辞，拓制起来还真是挺不容易的。刘凤翥自然也是用他独到方法，即"凡是字的笔画，拓时一定使字口洁白，不蹭上哪怕是一点儿的浅色墨。而天然的石缝我则故意蹭上一些浅灰色的墨，尽力使它与字口区分开来"。

终于，祝辞的每个字都已认出来了。洞外面等着的几个人也都进来观看了。上到差不多 35 遍墨时，米文平也开口了："已经赶上张明善了，您可以揭走了，收工吧。"刘凤翥却说："正规拓法应上 60 遍墨，还差一半呢。"说完，他又接着上了 10 遍墨，数了数，差不多有 45 遍墨了。再看洞外，太阳要落山了，天也有些黑了。刘凤翥怕一不小心，一拍子下去洇了字口，那就前功尽弃了。再说，他也不好意思明天再兴师动众地让大家陪着再来一次。

于是他对大家说："虽然还差十几遍墨，但基本可以了。既然米站长已经允许我揭走，就揭下来吧。"米站长则说："慢揭，我拍张照片留个纪念。"

米站长一边拍照还一边说："这张拓片不仅赶上了张明善拓的，而且超过了张拓的水平。这是嘎仙洞石刻祝辞发现以来拓得最好的一张拓片。从感情上真舍不得让您揭走，但我们已经说过说话算数，互不反悔的话。那您就揭走吧。"

看着他对那张拓片恋恋不舍和无可奈何的神情与言辞，刘凤翥不由想起京剧《秦琼卖马》中的唱词："摆摆手，你就牵去了吧。"等他照完了相，刘凤翥就把拓片揭了下来，乘着月色返回了阿里河。

刘凤翥的拓片得到了同行人的一致好评，所以当天晚上厉局长还亲自为刘凤翥设庆功宴，并说："为了庆贺刘教授拓制成功，今晚设酒宴庆功。大家必须一醉方休。"大家把拓片展开放在一张大桌子上，一面欣赏拓片，一面饮酒。厉局长还说："我真没想到拓拓片像绣花一样那么细致，一整天才拓一张。"

米文平则问刘凤翥："您不过是个拓碑的票友，为什么您就有把握赶上拓碑的专家张明善？"刘凤翥回答说："拓碑是个细活儿。要拓好必须有天时地利人和等诸多方面的配合。我看了您拿来张明善的拓本后，之所以答应您提的条件，是因为我从张氏拓本上看出了两个问题。第一，他上的墨遍数不够。第二，他可能为了赶时间，纸才六七分干就上墨，因而有些洇。我只要在这两方面多加注意就能赶上他甚至有可能超过他。这并不是因为他技术差，是缺乏时间配合所致。我昨天的失败就是重蹈他的覆辙，而且比他败得更惨。失败是成功之母，我总结了昨日失败的教训，再加天时地利人和的配合，故有今日的成功。同是一个我，为什么昨日拓的远不如张氏拓本，而今日拓的却赶上了他，季节适宜和时间富裕是成功的重要原因。之所以能够如此最后落实在人和上，是这么多人从早到晚在山上陪了我一整天，这份儿盛情我终生难忘。"

米文平也很激动他对刘凤翥说："张明善当年只用半天时间就拓好了，所上的墨的遍数确实不如你今天上的多。"

《嘎仙洞石刻祝辞》拓片成功,又得到夸赞,刘凤翥很高兴也很难忘,他回忆说:

> 米文平对于我仅看拓片就能知道大约上了多少遍墨的本领钦佩不已。我们都甚为高兴,我与米文平互相敬酒干杯。吓得年轻人朱军、白劲松和金香老要代我们干杯,均被我们谢绝。我与老米喝了数瓶白酒,均创了酒量记录,竟然都没醉,也是奇迹。真是应了"酒逢知己千杯少"的那句古话,更何况话又投机。
>
> 庆功宴也是告别宴。宴会散后,我即带着手拓的珍贵的嘎仙洞石刻祝辞拓片,告别米、厉、黄、朱(白送我至齐齐哈尔换车)离开阿里河,踏上返回北京的旅程。这是我数十年拓碑生涯中最为得意的一次。

第七章　契丹大字的最新研究与成果

□1．轰动日本学界的《若干契丹大字的解读及其它》

1991 年 5 月 15 日，刘凤翥参加了在日本京都大学举办的"中日联合首届契丹文字国际学术研讨会"，并在会上宣读了他的论文《若干契丹大字的解读及其它》，立时引起轰动。一篇论文为何会在研讨会上掀起波澜？还是让我们先了解一下何为契丹大字，何为契丹小字，以及它们的区别。

何为契丹大字？何为契丹小字？它们有什么区别？刘凤翥在《契丹民族未何创制两种文字》中是这样告诉我们的：

契丹王朝建立后，为了适应其政治、经济、军事和文化发展的需要，曾先后创制了契丹大字和契丹小字两种不同类型的文字……许多人往往用汉人写汉字时写大字还是写小字的概念来理解契丹大字和契丹小字，这是非常错误的。契丹大字和契丹小字的区别并不是因为字体大小，大字可以写小，小字也可以写大。之所以以大、小相称，是因为年龄的大小。当只有一种契丹文字时用不着叫大字或小字，仅仅叫契丹字就行了。当第二种文字又创制出来之后，为了互相区别，才把先创制的称大字，后创制的称小字。二者除创制先后之外，本质上区别在于拼音程度上的强弱。直观上看，契丹大字每个字是一个一个的，契丹小字每个字是一堆一堆的。

再看契丹文字研究的历史和发展，自从 1922 年在内蒙古自治区巴林右旗索博日嘎镇的瓦林茫哈的辽代永兴陵中出土了契丹小字《辽兴宗哀册》和《仁懿皇后哀册》，1930 年又出土了契丹小字《辽道宗皇帝哀册》和《宣懿皇后哀册》后，虽一开始世间无一人能识得一字，但经过中外学者研究，一直到 1978 年契丹文研究小组的《契丹小字解读新探》和 1985 年出版的《契丹小字研究》，终于取得一系列丰硕的成果。

如此情况之下，反观契丹大字的研究，无论是出土的资料，还是研究者及论著，都如刘凤翥所说是"稀若星辰"了。先看契丹大字的出土资料，最早是 1935 年《蒙满》10 月号发表的日本学者山下泰藏所著《大辽大横帐兰陵郡夫人建静安寺碑》一文，该文首次指出，大辽大横帐兰陵郡夫人建静安寺碑碑阴的文字是区别于庆陵哀册式的契丹文字的另一种契丹文字。此后于 1939 年在沈阳的古董店出现的《故太师铭石记》、1950 年在辽宁省葫芦岛市连山区神庙子乡西孤山村出土的《萧孝忠墓志》，都是与庆陵哀册式的契丹文字有区别的另一种契丹字。至于契丹大字的研究者和论著，刘凤翥在 2004 年接受采访时曾说：

　　至于契丹大字，截至目前，真正研究契丹大字的全世界仅有中国的阎万章和我以及日本的丰田五郎三人而已。阎万章先生已经作古，丰田五郎已经 87 岁……

阎万章是我国研究契丹大字的先驱,他在 1957 年《考古学报》第 2 期发表了《锦西西孤山出土契丹文墓志研究》,他所释出的年号"大安""重熙""统和"以及"年""月""日"和少部分数字与干支等契丹大字,后经验证是正确的。但他在有关契丹大、小字的问题上并没有创新……《民族语文》1988 年第 3 期上发表了阎万章的《契丹文〈萧袍鲁墓志铭〉考释》。文中根据汉字《萧袍鲁墓志》所提供的线索释出了契丹大字"六""九"和"守太子太傅"。阎先生对刘凤翥说,题目中用"契丹文",而不用"契丹大字"是因为我还不认为《萧袍鲁墓志铭》是契丹大字。

日本研究契丹大字的学者首推丰田五郎(1918—2011 年)先生。他于 1963 年 5 月在《东洋学报》第 46 卷第 1 号发表了《契丹隶字考》,释出了契丹大字中的"元年冬""鸡日"等。

丰田五郎(1918—2011 年)

继这些为数不多的契丹大字研究成果之后,就是刘凤翥于 1979 年发表的前面曾提到过的《关于混入汉字中的契丹大字"糺"的读音》,以及他在 1982 年发表在《民族语文》第 3 期的《契丹大字中的纪年考释》。在这篇文章中,刘凤翥释出了契丹大字"正月"和年号"大康"以及个位数"四"和"八"。

这以后,刘凤翥又相继在 1988 年发表了《契丹大字银钱和辽钱上限问题》和《契丹大字中"六"的解读历程》,1991 年发表了《契丹大字大银钱和契丹小字小铜钱》和《关于契丹大字中个位数字之解读》。

1991年5月,刘凤翥在日本京都大学举办的"中日联合首届契丹文字研究国际研讨会"宣读的论文《若干契丹大字的解读及其它》中,从解读契丹大字"岁"入手,进而考释出契丹大字"三十""四十""六十""七十"等一系列十位数词与个位数词"七"以及年号"乾统"等词语,并再次论证了契丹大字有拼音性质。这篇论文经过修订后,发表于台北《汉学研究》1993年第11卷第1期。

相比于12年前的《关于混入汉字中的契丹大字"纠"的读音》及9年前《契丹大字中的纪年考释》的考释,《若干契丹大字的解读及其它》的研究成果无疑更加丰硕。因而不仅引起轰动,更使当时我国正处于解读契丹大字渐进阶段的研究产生了一次飞跃。

当年曾亲自"参与"这一解读契丹大字"飞跃历程"的刘凤翥对那次研讨会更是记忆深刻。他回忆说:

> 1991年5月15日,我在日本京都大学举办的"中日联合首届契丹文字国际学术研讨会"所宣读的论文《若干契丹大字的解读及其它》,是解读契丹大字的一次飞跃式的进展。按会议要求,先提交论文,再发请柬。开会之前,主办会议的西田龙雄教授已经先看到了论文。他到大阪飞机场去接我。一见面他就对我说,有我这篇论文,会议肯定能开好。论文后来在会上宣读时,果然引起轰动……丰田五郎也参加了那次会,他也对我那篇论文赞许有加。

由于对契丹小字和契丹大字解读取得的成绩,刘凤翥在1992年获得中华人民共和国国务院颁发的特殊贡献政府津贴证书。

中华人民共和国国务院颁发的《政府特殊津贴证书》

□2.《契丹大字中若干官名和地名之解读》获两项大奖

"中日联合首届契丹文字国际学术研讨会"结束后,刘凤翥又完成了《契丹大字**五**的读音》,发表在《民族语文》1992年第1期上。

而与刘凤翥一起参加"中日联合首届契丹文字国际学术研讨会"的丰田五郎则不仅对那篇《若干契丹大字的解读及其它》的论文赞许有加,更十分受启发,不久即完成了《解读契丹大字的线索》。随后又在1993年来中国参加"中国北方古代文化国际学术研讨会",并在会上宣读了他刚刚完成的《解读契丹大字的线索》。

丰田五郎在文中解读了契丹大字"西平郡王""王家奴郎

君""习尼里郎君""太师""太保""使相""子"等,还构拟了一些契丹大字的音值。后来,《解读契丹大字的线索》发表在《中国北方古代文化国际学术研讨会论文集》(中国文史出版社 1995 年版)中。

接着,刘凤翥又在《民族语文》1996 年第 4 期即该杂志创刊 100 期专号上发表了《契丹大字中若干官名和地名之解读》。该文中,刘凤翥以萧孝忠、耶律延宁、萧袍鲁、北大王(即耶律万辛)及耶律习涅等人已经出土发表的墓志所提供的线索,通过与女真字对比,不断研究探索,终于以"从'奴'到'云内州'的解读""从'衙内'到'祖父'""从'家'到'静江军节度使'""契丹大字的'封'和'号'"为题,释出了"州"等一系列契丹大字,以及为一些契丹大字构拟音值,为契丹大字基本上为音节拼音文字的性质进行了讨论。

比起 5 年前《若干契丹大字的解读及其它》在日本京都大学引起的轰动和契丹文大字研究的飞跃,《契丹大字中若干官名和地名之解读》的发表,无疑又一次推动促进了契丹文大字的研究,从而使其又进入了一个新的发展时期。就如刘凤翥所说的那样:

> 1993 年丰田五郎宣读了《解读契丹大字的线索》后,我在吸收丰田五郎的研究成果基础上,就用了一段时间研究新出土的契丹大字《耶律习涅墓志铭》和《萧袍鲁墓志铭》等,从而写出了《契丹大字中若干官名和地名之解读》,发表于《民族语文》创刊 100 期专号即 1996 年第 4 期。此文通过与女真字对比,从而释出了契丹大字中的"州"字,进而释出了契丹大字中的"云内州""静江州""松山州""归州""乾宁州"等地名和"辟离剌"等人名以

及"金紫崇禄大夫""观察使""衙内"等官名。还释出了契丹大字中的"祖父""父""夫人""太夫人"以及"封""号"等语词。并释出了与 i 类元音词干相和谐的所有格词尾昇。还为一些契丹大字构拟了音值,并进一步讨论了契丹大字基本上为音节拼音文字的性质。此文的发表,标志着契丹大字的解读已经进入到释义与拟音相结合的新阶段。

1998 年,香港中文大学《中国文化研究所学报》1998 年新第 7 期刊登了刘凤翥的《契丹大字六十年之研究》。日本文字文化研究所《日中合同文字文化研讨会发表论文集》1998 年刊登了刘凤翥完成的《契丹大字六十年之研究综述》。

5 年后,《契丹大字中若干官名和地名之解读》获得了民族研究所"2003 年度优秀科研成果"一等奖和中国社会科学院"第五届优秀科研成果"二等奖。

□ 3．与同人共同研究契丹大字的成果

进入 21 世纪后,刘凤翥在契丹大字研究领域仍然硕果频出。尤其是他分别和几位同人联合发表的《辽〈萧兴言墓志〉和〈永宁郡公主墓志〉考释》《契丹大字〈耶律昌允墓志铭〉之研究》及《〈多罗里本墓志〉考释》等文,不仅经反复验证正确无误,而且被评为"把契丹大字的解读水平提高到一个崭新的阶段"。

2000 年 2 月,内蒙古自治区巴林左旗宝力罕吐乡王家沟村出土了汉字《萧兴言墓志》和契丹大字《永宁郡公主墓志》。

当年 5 月,巴林左旗文化局长桑雨慧和旗博物馆长唐彩兰亲自进京把汉字《萧兴言墓志》和契丹大字《永宁郡公主墓志》以及契丹小字《耶律迪烈墓志铭》拓片送给刘凤翥。刘凤翥经过数月夜以继日的研究,终于释出契丹大字《永宁郡公主墓志铭》中的 ꡋ ꡕ ꡩ ꡮ ꡍ ꡖ ꡉ 国 为 "大中央哈喇契丹国",ꡅ ꡔ ꡙ ꡔ 为 "夷离堇族系的",ꡋ ꡒ 为 "故",ꡎ ꡏ ꡐ ꡑ 百 五 为 "北西路招讨",ꡓ ꡔ ꡗ ꡁ 仁 为 "太傅之妻",ꡌ ꡍ ꡎ ꡏ ꡚ 公 主 为 "永宁郡公主",ꡋ ꡒ ꡌ ꡊ ꡛ 为 "墓志铭",ꡅ ꡖ ꡗ ꡘ ꡙ ꡚ 司 为 "并序",ꡉ ꡚ ꡂ ꡄ ꡕ ꡖ ꡎ ꡓ ꡘ 为 "于上京以北三十里",ꡘ ꡗ ꡖ 为 "慈家奴",ꡌ ꡗ 为 "撰",ꡑ ꡗ 为 "写",ꡓ ꡖ ꡅ ꡃ 为 "太原",公 主 ꡄ ꡁ 为 "公主讳骨浴",ꡂ ꡄ ꡘ ꡙ 太 王 为 "祖父齐国大王",ꡈ ꡉ ꡊ 皇 帝 为 "景宗皇帝",ꡄ ꡏ ꡋ 太 王 为 "三韩大王",二 ꡃ ꡒ 为 "二人之女",ꡄ ꡑ ꡗ ꡒ 为 "长女",ꡐ ꡒ ꡕ ꡖ ꡗ 为 "于辰时生",ꡗ ꡒ 为 "成为",ꡕ 田 ꡅ ꡆ ꡇ 为 "胡独堇驸马",ꡍ ꡎ 为 "申猴",ꡉ 为 "戌狗",ꡈ 为 "亥猪",ꡙ 仁 百 五 ꡉ ꡊ 为 "丈夫招讨之墓"等词语或词组。① 刘凤翥根据这些解读而写成《辽〈萧兴言墓志〉和〈永宁郡公主墓志〉考释》。该文还与唐彩兰共同署名发表在《燕京学报》新第 14 期(北京大学出版社 2003 年版)。

　　2001 年 5 月 22 日,刘凤翥到达赤峰市的元宝山区,拓制契丹大字《耶律昌允墓志铭》和汉字耶律昌允妻《兰陵郡夫人萧氏墓志铭》。回北京后,他就夜以继日地对《耶律昌允墓志铭》进行研究。刘凤翥回忆:

---

① 作者按:音译的"哈喇"后来意译为"辽"。

回北京后，我反复研究契丹大字《耶律昌允墓志铭》，长期没有进展。我根据已有的解读契丹大字的成果，如同下围棋那样，先在契丹大字《耶律昌允墓志铭》的前4行布上一些点："军节度使""慈州""观察""检校太师""卫""将军""刺史""大夫""军州事""漆水郡""观音"。我再利用汉字《兰陵郡夫人萧氏墓志铭》和汉字《大辽大横帐兰陵郡夫人建静安寺碑》所提供的的耶律昌允的官职"知涿州军州事"的线索和辽代汉字墓志中凡担任职事官"知涿州军州事"者与之配套的遥授官、品阶、散官、宪衔、勋、爵、食邑等格式。经过多少个日日夜夜的苦思冥想，终于在 2001 年 7 月 31 日凌晨把布下的点连成线，线连成面。一举把《耶律昌允墓志铭》的前4行全部解读了出来。

这就是：

1. 乂叐(建)关夂(雄)录(军)帯(节度)景(使)序(晋)冋(慈)屏(隰)東(汾)业光(等)亽(州)負(观)団(察)乂(处)之(置)业光(等)景(使)厍(崇)岦(禄)佘(大)亥(夫)乢(检)庋(校)太(太)景(师)

2. 乍(左)耎(千)光乩(牛)衩(卫)芺光(上)将(将)录(军)景(使)糸(持)卅(节)序(晋)亽(州)反(诸)伉(军)景(事)上出(行)序(晋)亽(州)冋(刺)景(史)之(知)方(涿)亽(州)录(军)亽(州)景(事)

3. 米(兼)負(管)化允(内)早尖(巡)米(检)至(安)亥(抚)尾(屯)天(田)休叐(劝)化尺(农)业光(等)景(使)奥(御)景(史)佘(大)亥(夫)仲(上)及(柱)杏(国)屛(漆)水(水)录(郡)令

4. 非（开）杏（国）么（公）夫（食）申（邑）冈（七）奕（千）吾（五）高（百）非（户）夫（食）夫（实）女尺（封）冈（七）高（百）吾（五）兴（十）非（户）九壮书（?）真（观）古（音）太（太）杲（师）沓（之）氷（墓）之（志）。

原来这是墓志的题目。

除了当时释为“耶律”的九壮书后经验证错误外，其他释文和拟音都正确无误。这确实是一项重大突破。刘凤翥回忆说：“这一解读契丹大字的重大突破使我兴奋得连续数日不能成眠，只能靠服安眠药入睡。”刘凤翥还考释出《耶律昌允墓志铭》中的叁立皇帝卬南沓弟为“天金皇帝之同胞之弟”，夅之北戎芥为“第三子海邻”，支反杲芮反沓午为“政事令之号”，芮反公异天北亢芥戎为“令公之长子留隐·海里”，五异土昷太王为“五院大王”，谥州百之为“封”，黄尺尺女异允为“黄龙府之事”，天非沓尚异都苓为“孟父房帐之都监”，其皮叁灭女为“兴中府”，叁戸京异尖之茎史人异允夭为“中京之同知、显州之节度使”，奚昷京异去之元人异允夭乍出贡尧纠羽半步将杲沓午谥州币为“东京之同知、金州之节度使、左千牛卫上将军之号封”，全山沓足寺为“于佛山之足”，早勻之将异为“国舅详稳”等词语或词组，并对 189 个契丹大字构拟了音值。刘凤翥根据这些考释成果起草了《契丹大字〈耶律昌允墓志铭〉之研究》，王云龙补充上有关辽代义州和静安寺的地理位置等内容，两人署名后发表在《燕京学报》新第 17 期（北京大学出版社 2004 年版）。该文也被评为“把契丹大字的解读水平提高到一个崭新的阶段”。

2005 年，阿鲁科尔沁旗博物馆的丛艳双馆长从文物贩子

手中得到一份契丹大字《多罗里本墓志铭》的拓本照片,寄给刘凤翥进行研究。后刘凤翥与丛艳双、池建学共同完成了《契丹大字〈多罗里本墓志铭〉考释》一文,并发表在《民族语文》2005 年第 4 期上。

在《契丹大字〈多罗里本墓志铭〉考释》一文中,他们释出了墓志主人是多罗里本郎君,以及他是东丹国宰相耶律羽之的后人,还释出丹字读[dan],于义为国号"东丹"。

□ 4.《契丹大字〈耶律祺墓志铭〉考释》

1993 年 7 月,契丹大字《耶律祺墓志铭》出土于内蒙古自治区的阿鲁科尔沁旗罕苏木(苏木,为蒙古语音译,意为"乡")苏木古日布霍哨嘎查(嘎查,为蒙古语音译,意为"村")的朝克图山之阳,是内蒙古文物考古研究所的齐晓光先生发掘出来的。同年 8 月,刘凤翥应邀去考古现场对墓志进行考察,并替齐晓光先生对耶律祺墓志进行了拓制。刘凤翥对照拓本手抄了两份,一份留给齐晓光先生,一份自己带走。凡是能认识的契丹大字都标注在手抄本的契丹大字旁边。齐晓光根据刘凤翥的释文考证出耶律祺是《辽史》卷 96 有传的耶律阿思。祺是汉名,阿思是契丹语孩子名。

契丹大字《耶律祺墓志铭》出土十多年后,刘凤翥给内蒙古文物考古研究所写信,建议尽快把契丹大字《耶律祺墓志铭》发表了,以免他人觊觎。内蒙古文物考古研究所回信两家合作,让刘凤翥起草考释文章。刘凤翥起草出《契丹大字〈耶律祺墓志铭〉考释》的稿子寄给内蒙古文物考古研究所,该所塔拉所长批示在《内蒙古文物考古》发表。仅仅署名刘凤翥一个人的《契丹大字〈耶律祺墓志铭〉考释》发表于《内蒙古文物考古》2006 年第 1 期。该文最大的学术贡献是考释出契丹大字和契丹小字中的"辽",从而揭示了辽代有"契丹·辽"和"辽·契丹"的双国号。

前已指出,《考古学报》1983 年第 2 期发表的《契丹小字解读再探》和《民族研究》1984 年第 5 期发表的《契丹小字道宗哀册篆盖的解读》中,刘凤翥已经释出《道宗皇帝哀册》篆盖中的前 9 个原字可以拼成下面 4 个单词 又 (大) 𝖣 (中央) 𝖭𝖑 (哈喇) 𝖷 (契丹)。根据对契丹大字《永宁郡公主墓志铭》和《耶律昌允墓志铭》的解读,契丹小字 又 (大) 𝖭𝖑 (哈喇) 𝖷 (契丹)等同于契丹大字 𝖷 (大) 𝖷 (哈喇) 𝖑 (契丹)。契丹大字《耶律祺墓志铭》的墓志盖和墓志文都是以 𝖷 𝖷 𝖷 国 4 个字开头。已知 𝖷 于意为"大",国 于意为"国"。夹在"大"和"国"之间的 𝖭𝖑 只能为国号。辽代只有"契丹"和"辽"两个国号。契丹大字中的"契丹"一词已经释出作 𝖑。则以前音译为"哈喇"的应当意译为"辽"。𝖷 𝖷 𝖷 国就是"大辽国"。刻于清宁八年(1062 年)契丹大字《耶律昌允墓志铭》第 5 行一开始作 𝖷 𝖑 𝖷 𝖷 国为"大契丹辽国"。刻于大安五年(1089 年)的《萧孝忠墓志》第 1 行一开始作 𝖷 𝖷 𝖑 𝖑 国 为"辽契丹国"。刻于重熙二十二年(1053年)契丹小字《耶律宗教墓志铭》第一行开始的 5 个字作 又 (大) 𝖣 (中央) 𝖷 (契丹) 𝖭𝖑 (辽) 𝖷 (国之)。刻于寿昌五年(1099 年)的契丹小字《耶律奴墓志铭》一开始 又 (大) 𝖭𝖑 (辽) 𝖷 (契丹) 𝖷 (国之)。

根据《新五代史》和《契丹国志》的记载和学界的研究成果,辽代公元 907 年建国称契丹。随着燕云十六州的割入,

为了照顾汉人的感受,把民族色彩浓厚的"契丹"国号于公元938年改为"辽"。辽圣宗于统和元年(983年)又改国号为"契丹",辽道宗又于咸雍二年(1076年)改国号为"辽",直至公元1125年亡国。

除了此《耶律祺墓志铭》单称国号为"大辽国"和契丹大字《耶律习涅墓志铭》单称国号为"契丹国"之外,契丹大字和契丹小字墓志均作"辽·契丹国"或作"契丹·辽国"。从而发现在使用契丹文字的范围内,辽代实行"辽·契丹国"或"契丹·辽国"的双国号制。在汉字文献称国号为"契丹"的时期,例如重熙二十二年(1053年)和清宁八年(1062年),在契丹文字中则称国号为"契丹·辽国",双国号中的"契丹"置于"辽"之前;在汉字文献称国号为"辽"的时期,例如壽昌五年(1099年),在契丹文字中则称国号为"辽·契丹国",双国号中的"辽"置于"契丹"之前。

刘凤翥在《契丹文字90年的回顾》中回忆说:"这就说明时称'契丹'时称'辽'的辽朝,汉字文献是严格按规定称国号的。契丹文字则不然。从而也可以推知,用契丹文字的契丹人则在称其国号为'辽'的时期,仍在国号中加上'契丹'。从中足可以窥见契丹人对于'契丹'国号的依依不舍的留恋之情。在称其国号为'契丹'的时期,仍在契丹语的国号中加上'辽',以不忘照顾汉人的民族情绪。契丹语中这种一国双号的民族策略,是契丹王朝统治者'以国制治契丹,以汉制待汉人'一国两制的重要组成部分。"

在《契丹大字〈耶律祺墓志铭〉考释》中,刘凤翥还释出的有:▨▨▨ 为姓氏"耶律",▨▨▨ 于义为"孩子名",▨▨ 是耶律祺的契丹语的孩子名"阿思里"。《契丹大字〈耶律祺墓志铭〉考释》还考释出 ▨▨▨▨ 于义为"第二个名撒班"。

□□□为人名"铎衮"。□□□□□□□□□□□于义为"天下兵马大元帅"。《耶律祺墓志铭》说韩宁·宜新之子是兀没。这就纠正了《辽史》说宜新和兀没是兄弟的错误。□□□□□□□□于义为"皇太叔子楚国王涅鲁古"。□□□为年号"神册"。□□于义为年号"咸雍"。□□□于义为年号"寿昌"。□□□□于义为"西夏国"。□□□□□于义为"赵王之号"。□□□为汉语借词"敕葬使"。□□□□为汉语借词官名"大理卿"。□□□□为人名"大公鼎"。□□□□□□为汉语借词官名"敕祭发引使"。□□□□□□□为汉语借词官名"太常少卿"。□□于义为地名"烈山"等。

《契丹大字〈耶律祺墓志铭〉考释》完成后，刘凤翥认识到契丹大字研究已经有了很快的进展，有必要对一些契丹大字墓志铭重新进行考释。于是，他根据最新的研究成果，开始对契丹大字墓志铭进行了密集性地考释。

不久，刘凤翥即完成了《契丹大字〈耶律习涅墓志铭〉考释》发表于《国学研究》第22卷（北京大学出版社2008年版）。《契丹大字〈萧袍鲁墓志〉考释》发表于《辽金历史与考古》第1辑（辽宁教育出版社2009年版）。《契丹大字〈萧孝忠墓志〉考释》在2009年7月28日"平泉中国契丹文化研究中心成立大会上"宣读，后来公开发表于《中国平泉首届契丹文化研讨会论文集》（吉林大学出版社2010年版）。《契丹大字〈北大王墓志〉考释》于2008年11月2日在"辽夏金元历史文献国际研讨会"上宣读，后来发表于《中国多文字时代的历史文献研究》（社会科学文献出版社2010年版）。《契丹大字〈耶律习涅墓志铭〉考释》成就最大，不仅考释出许多契丹大字人名、官名，还考释清楚了耶律习涅的亲属关系。他的继母就是他的姨母，其父是根据"姊亡妹续"的习惯续的弦。

第八章　向契丹文字赝品宣战

2004 年，一个收藏家向刘凤翥展示了自称是辽代文物的金版画。刘凤翥一下就被精致的金版画深深吸引，并认为它是价值连城的珍宝。但当他看到其他金版画上契丹字摹本的时候，立刻判断出这些所谓契丹文字的文物都是赝品。这一年，刘凤翥还将巴林左旗博物馆送来请求鉴定的一份契丹小字墓志拓本鉴定为仿刻契丹小字《耶律迪烈墓志铭》的赝品。从此，刘凤翥开始向契丹文字赝品宣战。

□ 1. 初次接触赝品误认为是价值连城的珍宝

2004 年 6 月 17 日，一位收藏家通过他人介绍，约刘凤翥去劲松桥东南的蜀国演义酒楼相聚，并向他出示了不少辽代文物。其中让刘凤翥特别感兴趣的是一幅书本大小的金版画。他觉得这幅金版画很可能是先做一个模子，然后用一块金子放在上面，用锤子敲打，最后敲出薄如纸的如同浮雕的金版画。

金版画上面有坐佛 3 排，每排 3 个。右侧有 3 行契丹小字，共 33 个字。其中有 ￥（父、年）、屯（十）、旲矢（日）、丙公（女的）、舟勺（子、女）等。剩下的字，刘凤翥都不认识。

还有两个八角水晶佛塔，八面都镶有金薄片，上面有佛像。塔底上也镶有金薄片，有汉字年款，一个上面的年款是重熙二十二年，另一个上面的年款是天庆四年。还有金酒壶和两个金酒杯。酒杯六面，每面均有人物，人物均藏在竹林中。此外还有两个西夏文铜印和两件西夏文铜腰牌。

这是刘凤翥第一次见到带契丹字的金器，当时他不仅被吸引，还盲目地夸这些文物珍贵，认为件件都应是价值连城的一级文物。次日，刘凤翥给那位收藏家写了一封信，希望得到一份金佛版画的照片或者让他临摹一份，以供研究之用。

11 月 8 日，刘凤翥收到北京那位收藏家的回信，并约他择日去府上欣赏他的家藏。信中还附有其他金版画，如《洗马图》《驰猎图》《猎归图》上的契丹字摹本。刘凤翥看了后，大失所望。原来相当多的契丹字笔画都不对，缺胳膊少腿的，词句更不对。例如《猎归图》上刻的是某耶律公的墓志铭，题目错字稍少一些，为"金紫崇禄大、静江军节度使、冬、耶律公墓志铭"。缺"大夫"的"夫"，多一个"冬"。墓志撰者的姓名和官衔更是荒唐，竟然混入了纪年和"呜呼哀哉"之类的词，而且重熙年号中切掉一个"天"。辽代契丹小字年号都是两个字，首字为"天"或"大"。

想起契丹文字研究小组在 1985 年出版的《契丹小字研究》一书曾沿袭了前辈学者的错误。后来发现契丹小字年号没有发语词，切掉第一个字不对。刘凤翥从而猛然意识到收藏家的所有带契丹字的物件都是仿照《契丹小字研究》割掉一个字的错误年号，因而他断定，这些都是赝品。

虽然先是给人家鉴定为价值连城一级文物，但是发现错了，刘凤翥勇于自己打脸，承认错误，不怕得罪人，也不怕自

己丢面子。他说"错误不可怕,错误自己发现了或别人给指出了,立即改了就行了。最可怕的是固执己见,死要面子,坚持错误。那样会在错误的道路上越陷越深而不能自拔"。

□ 2．为巴林左旗鉴定赝品

2004 年春,巴林左旗浩尔吐派出所的池建学所长给刘凤翥寄来一份从文物贩子手中弄来的"拓片"。只见拓片上有几个契丹大字,也有几个笔画很少的简体汉字,剩下的都是些既不是契丹字也不是汉字的涂抹,根本不能称它为字。刘凤翥一看就断定是低劣的赝品,并称这是赝品契丹文字物件中的最低级产品。

9 月,巴林左旗博物馆的唐彩兰馆长又给刘凤翥寄来一份契丹小字墓志拓本,请他鉴定,说如果有价值,他们博物馆就征集。这一次,刘凤翥又是一眼就断定出,它是仿刻契丹小字《耶律迪烈墓志铭》(以下简称《迪志》)的赝品。

刘凤翥说:"《迪志》只有 1 石,共计 34 行。而赝品则分作 2 石,每石 22 行,共 44 行,每行字数也相应地予以改动。基本上照着《迪志》全文仿刻,但错字连篇,造假痕迹极为明显,例如《迪志》第 1 行以 才者女(横帐)二字开始,赝品墓志则误刻为 ⧄ ⧄ 。《迪志》第 34 行的 父 及扎 尤实 平 壬 艾 丁 亚 夹(乾统元年二月二十八日)为年款,赝品把它刻作 父 卅 热 书 及 拔 丁 丝 夫,9 个契丹字中,竟有 5 个字有极其明显的错误,其造假水平由此可见一斑。

《迪志》的原件就藏在巴林左旗博物馆(现在改称"辽上京博物馆"),文物贩子的胆可真够大的,竟敢跑到巴林左旗

契丹文字研究首席专家 刘凤翥传

博物馆去兜售仿刻《迪志》的赝品。刘凤翥立即给唐彩兰馆长打电话,告知那是赝品,绝对不能征集。巴林左旗博物馆没有征集此赝品,后来不知流落到哪里去了了。

刘凤翥把唐彩兰馆长寄来的这份仿刻《迪志》的赝品拓本照片与正品《迪志》拓本照片一起发表在为庆祝澳门回归20周年在澳门博物馆举办的"千年绝学——契丹文字碑拓精品展"的《图录中》,注明赝品,以正视听。此后,《迪志》不断被仿刻。有一块整个石头的仿刻品卖给了河南千唐志斋博物馆,①另一块仿品存洛阳某私人手中,拓片发表在《秦晋豫新出墓志蒐佚》一书中(中国国家图书馆出版社 2012 年版),还有一块仿品卖给了北京农业展览馆。北京农业展览馆请周峰鉴定,周峰指出其为赝品后,退了货。最后也不知流落到哪里去了。

还是在这一年,刘凤翥收到唐彩兰寄来的一份契丹小字《萧胡覩堇墓志铭》的拓片。唐彩兰还在电话中询问"拓片可有价值? 如有价值可以共同写文章发表"。刘凤翥鉴定后发现,该拓片中有关名字的叙述不符合契丹小字的规定,因而断定是赝品。同时电话通知唐彩兰,要写文章只能从批驳赝品的角度说。唐彩兰说,原石的收藏者不同意说是赝品。刘凤翥就把拓片束之高阁。后来得知赤峰市某旗博物馆的一位退休了的馆长把此赝品石刻推荐给了巴林左旗民营的契丹博物馆。

从初次接触赝品误认为是价值连城的珍宝,到鉴定出金版画《洗马图》《驰猎图》《猎归图》上的契丹字为赝品,再到对巴林左旗契丹小字墓志拓本的鉴定,刘凤翥终于在 2004 年

---

① 作者按:《迪志》原石断裂为上下两半。

开始对契丹文字赝品宣战,并从此多次对契丹文字赝品进行揭露,以捍卫契丹文字研究的纯洁性。对此,他是这样说的:

> 经过 30 多年的改革开放,先让一部分人富起来的目标达到了,现在确实一部分人富起来了。在富起来的人们中,有一些人投资收藏。要收藏的人太多,市场藏品供不应求,造假的文物贩子乘机而生,让契丹文字赝品盛行。

□3. 鉴定丝绸之路博物馆的所谓"西辽文物"木屏风上的契丹字

2005 年,刘凤翥应澳大利亚专门研究契丹文字的学者康丹之邀,亲赴新疆乌鲁木齐,成功将几件所谓"西辽文物"鉴定为赝品。让康丹先生十分感谢。

康丹即是前面"中国民族古文字展览"中提到的澳大利亚契丹文字研究学者康德良。自从在 20 世纪 80 年代在中国民族古文字展览与刘凤翥相识后,十分敬佩刘凤翥的康丹就经常向他请教学习,并一直保持联系。

这一次是康丹与夫人叶晓青在新疆看到了据说是当地出土的西辽文物,于是就在回到澳大利亚后,于 2005 年 10 月 6 日给刘凤翥打电话说,他们在乌鲁木齐胜利路 160 号新疆民办丝绸之路博物馆看到许多西辽的文物,如木俑。还有一件木屏风,上面有契丹人生活的绘画。屏风右下角钉着一块木板,上面刻有 4 行契丹小字。有些原字的音读得出来,但不知词意。博物馆的人对他们说文物都是当地出土的。让刘凤翥务必去看一下。

刘凤翥回忆说："若在以前,第二天我就会立即飞往乌鲁木齐,多大的花费我都舍得。但当时我已经有了强烈的赝品意识。新疆会出土契丹文字物件,主观上总认为不可能。所以,对康丹先生的劝告没有放在心上。事情拖了一个多月,我没拿此事当回事,可康丹先生等不及了,他与夫人叶晓青女士决定再去乌鲁木齐一次弄个究竟,让我陪他们去,我的差旅费他们出。他们从澳大利亚直接飞往乌鲁木齐等我,让我与他们会合。我得做些准备工作。中国社会科学院考古研究所的孙秉根是我大学的同年级同学。他常年在新疆做考古发掘工作。我出发前向他打听了新疆考古界的朋友。他给我写了一纸便笺让我找新疆考古研究所的吕恩国。民族所的哈希姆同志还给我写了几个新疆朋友的电话号码。"

2005 年 11 月 13 日下午,刘凤翥抵达乌鲁木齐。当天他们就去了丝绸之路博物馆。果然看到在西辽展厅最惹眼的地方摆放着十二生肖木俑。这些木俑均为灰色,每个高约 1 米左右,人身穿官服,头部分别作鼠、牛、虎、兔、龙、蛇、马、羊、猴、鸡、狗、猪等生肖模样。还有乐队木俑。有一个木屏风,上面绘有车、马、骆驼和契丹人杀羊烤肉等生活画面。在木屏风右下方镶有一块小木板,上有 4 行共 14 个契丹小字。刘凤翥立刻看出,这 14 个契丹小字多数原字的笔画不对。

还有两个金冠,让人觉得是仿自陈国公主墓出土的金冠。一个镀金大铜铃铛,也让人觉得是仿自耶律羽之家族墓出土的东西,还有金腰带、水晶串珠以及鼻烟壶大小的水晶鸡冠壶。

"我的直观印象是赝品。"这是刘凤翥见到这些物件的第一判断。他想马上见见丝绸之路博物馆的负责人,问问西辽展馆文物的来历。但是馆里的人说,负责人去外地出差了。他当时的感觉就是"我们也不知是真出差还是不愿意见我们而说出差"。于是当天晚上刘凤翥联系上新疆考古研究所的吕恩国。11 月 14 日,吕恩国与他们又来到丝绸之路博物馆,受到了该博物馆的池宝嘉(新疆德威兰经济研究所所长、新疆中外文化研究中心秘书长)接待。

刘凤翥说:"池先生告知我们,其博物馆西辽展厅的展品不是当地出土的,是前几年从内地赤峰买来的。并且把三块板拼接的屏风从展柜内取出来任凭我们随便拍照,摹录。还从文物仓库中拿来金面具两个、金冠两个,任凭康丹先生拍照……我与吕恩国同志的一致意见是此处所有西辽文物(包括屏风、金冠、金面具、十二生肖木俑等)都是赝品。"

赝品木屏风   木屏风上的契丹字木牌

晚上刘凤翥与康、叶交谈有关契丹文字的赝品问题。康丹先生对刘凤翥说,他与夫人 9 月底来乌鲁木齐旅游时,丝绸之路博物馆的曹行(自称业余喜好研究地方史和西辽史)对他说,这里的西辽文物绝对是西辽的,具体何地出土的,不便于对外国人讲。当时，康丹先生对曹行的话坚信不疑。所以才有第二次乌鲁木齐之行。康丹先生说幸亏刘凤翥先生陪他来，通过各种关系，终于弄清了真像。并说，这次来的值，让他明白了赝品文物在中国泛滥成灾的严重情况，增加了赝品意识。

□ 4．将美国收藏家安思远先生收藏的契丹字金版佛经鉴定为赝品

2011年，刘凤翥又将美国收藏家安思远先生花巨资收藏的金版佛经鉴定为赝品。安思远是美国有名的收藏家，他收藏的契丹字金版佛经，不仅让他花了很多钱，而且是他最得意的收藏品。却被刘凤翥鉴定为赝品。提起当时的情景，刘凤翥回忆说：

经国家文物局副局长宋新潮先生介绍，中华世纪坛世界艺术馆的王立梅馆长于2011年12月26日下午造访寒舍。她说美国的大收藏家安思远先生原先收藏有《淳化阁帖》原帖，经王立梅从中联络，使《淳化阁帖》原帖现在收藏于上海博物馆。安思远今年已经82岁了，他近年又用巨款买到一批认为是平生最得意的藏品。他有意通过王立梅把这批藏品出手，转让给中国的博物馆收藏。

王立梅拿出一本相册给我看。上面的照片都是银质镀金版画，版画上有契丹大字佛经、汉字佛经、带契丹字的佛像、契丹人服饰的人物等，共有20多件，说是从

一个辽墓出土的。我发现契丹大字佛经是抄自已经发表的契丹大字《永宁郡公主墓志》,佛像则据山西省应县木塔的佛像仿刻,人物画则照内蒙古自治区翁牛特旗出土的辽代刘祐墓中的壁画仿刻。我告给王馆长,全部是赝品。王馆长让我给出具一纸鉴定结论。我给出的结论是"全部是21世纪伪造的赝品"。

身为著名收藏家的安思远,论经验,可谓丰富,怎么会有如此巨额付出的"打眼"呢?刘凤翥说:"安思远认为平生最得意的藏品是他收藏生涯中的最大败笔。他看到我给的鉴定结论后肯定懊悔不及。可能把平生的积蓄都赔进去了。之所以如此,是因为他对契丹文字一无所知,更缺乏有关契丹文字的赝品意识。把契丹文字想象得过于神秘,认为太难,没有人能仿制得出来。其实越认为不可能的事情越容易发生。搞收藏应当买自己熟悉的东西。在文物市场上买自己不熟悉的东西十有八九会上当,这是规律。不要猎奇,不要冒险,更不要企求升值赚钱。"

此外,对当年中央电视台一档拍卖辽钱的栏目,刘凤翥也很直率地谈出了自己的看法:"2012年1月28日(农历正月初二),史金波同志打电话通知我说中央电视台2套'一锤定音'栏目正在拍卖辽钱,让我快看。我立即把电视转到2套。只见铭文为汉字'大辽神册''神册通宝'和契丹大字'天朝万顺'的大个的金子造的钱在拍卖。有一枚被人以105万拍走。辽太祖时候的国号为'契丹','神册'为辽太祖的年号(916—921年)。辽太宗于会同元年(938年)才改国号为'大辽'。国号'大辽'与年号'神册'风马牛不相及,根本配不在一起。'通宝'是流通货币,金子做的大钱只能是压胜钱,不可能是'通宝'。目前契丹大字'天朝万顺'钱一律是照辽上京博物馆的藏品仿制。所以拍会上的所有拍品均是赝品。坐在上面的所谓钱币专家均是骗子,为推销赝品推波助澜。用105万拍走者如同安思远一样,是在玩自己不懂的东西,所以上当。"

□ 5．为内蒙古自治区博物馆鉴定赝品石棺

2005年6月29日,内蒙古自治区博物馆的邵清隆馆长电话邀请刘凤翥来呼和浩特市给鉴定一具契丹字石棺。

2005年7月2日,刘凤翥携夫人李春敏到达呼和浩特市。他们在博物馆院内看到石棺左、右帮各刻一条长龙,第一感觉就是仿辽上京博物馆所藏韩德威石棺帮的刻制。再看石棺前堵头刻三只鹿、两个仙鹤、一棵树和云朵;后堵头刻松、竹林里的蒙古包,一主人在弹琴,一仆人送茶。比起一般正规石棺左青龙、右白虎、前朱雀、后玄武的刻制,这种搭配既粗制滥造,又不伦不类。

还有石棺盖上的所谓"契丹文字",是把似是而非的"契丹大字"和"契丹小字"掺和着刻的。整个棺盖不论是契丹大字也不论是契丹小字都读不通。另外石棺上的契丹大字和契丹小字也根本就不是契丹文字,而是胡乱瞎篆的。契丹小字是由一至七个不等的原字拼成的。棺盖上的"契丹小字"多是左右结构的两个原字乱拼的,没有四个、五个、六个、七个原字拼成的字。综合这几点,刘凤翥判定,这具石棺是百分之百的赝品。

事后刘凤翥从内蒙古自治区博物馆的同志那得知,文物

贩子为了推销石棺,还特意在赤峰市某地挖了一个大坑,把石棺放在坑旁。然后通知内蒙古自治区博物馆的同志去察看,并当面忽悠他们说:"石棺是刚从墓里挖出来的,带契丹字的石棺可是海内孤品。6万块钱出让,要不要?你们不要就运到北京去。"内蒙古自治区博物馆的同志相信了文物贩子的谎言,唯恐让北京的人抢先买了去,立即决定征集,连夜就运往呼和浩特。

刘凤翥的鉴定,终于让赝品石棺没有成交。因而博物馆邵清隆馆长对刘凤翥说:"幸亏6万元的征集费还没付之前请您来给看一看。否则又要上当受骗了。"

□6. 为北京石刻艺术博物馆鉴定赝品契丹小字《萧徽哩辇·汗德墓志铭》

2007年春,文物贩子把一件契丹小字墓志铭运到北京石刻艺术博物馆,要以6万元出售。

当年春节刚过,刘凤翥和夫人李春敏被请到北京石刻艺术博物馆对墓志进行鉴定。

刘凤翥到达后立即断定墓志盖做旧有假。因为一般墓志往往会遭到早期盗墓者的破坏,被砸成数块。但这个墓志盖虽然断为两块,用石膏给粘在一起。但断得出奇,不是断为上下或左右两块,而是一个完整的大圈套住着里面完整的一大块。如果是破坏性的砸,着力点向周围辐射,不可能砸成一个大圈。你怎么用力也不会砸成这样。只能是人工有意切割才能形成大圈套大块的情形。这显然是做旧做过了头。因此才给人以不真实的第一感觉。

赝品《萧徽哩辇·汗德墓志》志盖

　　刘凤翥说："我看了一下志盖上的题目和志石第1行就说不用再往下看了，是赝品。"北京石刻艺术博物馆的同志说："您再往下看看，怎么只看了一眼就说是赝品呢？"刘凤翥说："不用再往下看，下面我给你们讲一讲我说它是赝品的理由。"

　　刘凤翥告诉在场的人说，墓志盖上刻的是又 岔岁 呆火 兄卖 力坴 引化 出支 欠不 才百火 亿岔 无又 公年 立九，于义为"大中央辽契丹国之□国舅宰相之横帐之徽哩辇审密之墓志"。志石第一行也是刻的这些字，说明二者是配套的。列岔 字是"国舅"词的修饰语，目前尚未被正确解读，故用□表示。齿坴于义为"国舅"，表示墓主人姓"萧"。才百火 的本义是"兄弟之"，但在此处是"横帐之"。辽代专称皇族为"横帐"，契丹字用"兄弟之"表示"横帐之"，即与皇帝称兄道弟者为皇族，表示墓主人姓"耶律"。说墓主人既姓"萧"，又姓"耶律"，岂不荒唐。传世的真正契丹文字墓志从来没有把"横帐"和"国

舅"用在一个人的身上。这说明作伪者看了些真契丹文字墓志，发现在介绍墓主人身份时往往用"横帐"或"国舅"，但他根本不知道"横帐"表示姓"耶律"，"国舅"表示姓"萧"，认为把它们放在一起说明墓主人的身份比其他契丹字墓志主人的身份高。弄巧成拙，露出了造假的狐狸尾巴。

刘凤翥一句"是赝品"的话成功搅黄了这笔价值6万元的造假买卖。后来刘凤翥得知文物贩子自动减价为2万元把这件赝品推销卖给了民办的北京科举匾额博物馆。

□7.《萧敌鲁墓志铭》和《耶律廉宁墓志铭》均为赝品

2007年，内蒙古大学购买了两盒契丹小字墓志铭。刚买到手，清格尔泰就打电话对刘凤翥说："我们买了两盒契丹小字墓志铭，刚到手，他们正在洗刷呢。"清格尔泰下面的话可能是"您抽空过来看看，帮着做份拓本"。赝品意识极为浓厚的刘凤翥没等清先生把话说完就说："一定要好好研究一下是否为赝品。"没有赝品意识的清先生对刘凤翥的这句话很惊奇地说："契丹文字墓志还会有赝品吗？"刘凤翥说："当然会有，我都见过不止一件拓片了。"清先生可能感到突然，就以"嗷嗷"声结束了通话。

后来刘凤翥根据不断透露出来的信息，知道这两盒墓志铭叫《萧敌鲁墓志铭》和《耶律廉宁墓志铭》，但其所有的年号和数字都不对。再后来发现《萧敌鲁墓志铭》是根据《萧图古辞墓志铭》伪刻的，被设计为萧图古辞的侄孙。《耶律廉宁墓志铭》是根据《耶律奴墓志铭》伪刻的，是与《萧胡覩堇墓志铭》和《萧徽哩辇·汗德墓志铭》一起批量生产的，萧胡覩堇和萧徽哩辇·汗德被设计为萧图古辞的两个侄子。最后，刘凤翥在 2011 年的《中国社会科学报》上经反复论证后，判定《萧敌鲁墓志铭》和《耶律廉宁墓志铭》为赝品。

□8．给文物信息公司鉴定文物

2009 年 10 月 29 日，刘凤翥接到一位自称文物信息公司的女同志的电话，让他给鉴定墓志、印章、金牌等契丹文字文物，他婉言谢绝。次日。文物信息公司的杨峥女士又给刘凤翥打电话说，他们的公司是国家文物局的，有位日本老收藏家旧年收藏的一批东西准备出手，已经运往上海，被海关扣下。还说国家文物局有专门征集流散海外文物的专款，今年的款项还有很多，花不出去，计划用这项款收购这批文物，因此请刘凤翥过去给看一看，把把关。

刘凤翥问："都有什么文物?"她说："有契丹字印章、金牌、墓志、金银器、丝织品。是同一个墓出土的。"刘凤翥当即婉言谢绝。因为不用看，一听其物品内容他就知道全部是赝品。那位女同志立刻说："万一把不住关，将使国家的大量的钱白花了。难道您就不心疼? 因此，务必请您过来给把把关。我们准备立即派汽车去接您。"刘凤翥只好应允。

汽车把刘凤翥接到文物信息中心。电脑打开后，刘凤翥先看到两枚龙钮金印，一枚为契丹小字印文"御院通进"，几乎每个字笔画都有错，例如 夲夬 (通) 字的第二个原字是 夬，金印误作 火。夬、火读音不同，差之毫厘则失之千里。另一枚为楷体汉字"御院通进"。"进"应作繁体字"進"，但却作 1956 年才公布的简化字"进"。辽代的所有汉字印章均是篆体，从

没有用楷体，更没有用简体汉字。因此，仅从两枚印章刘凤翥就断定其为赝品。

另外刘凤翥认为，一般正规墓志都是刻在石头上，而此处的墓志却独出心裁地用青铜铸造。而且还把一块墓志故意铸造成两个半块，接茬处是在一行契丹大字上，把这一行的每个字都劈作两个半块。

墓志用青铜铸造就够离奇的了，铸造成两个半块就更加荒唐。之所以造出这样荒唐的墓志，作伪者是本着"物以稀为贵"的理念，认为谁也没有见过的东西必然令收藏者产生"海内孤品"的错觉，因而可以漫天要价。然而物极必反，太离谱了必然令人直观就认为其为赝品。

还有一般契丹大字墓志以买（大）平 子（中央）亦 英（辽）求 孔（契丹）国（国）开始。而此铜"墓志"开始作买（大）区南 洮 英 兩 不国（国）。把平 子误作区南，把亦 英误作洮 英，把求 孔（契丹）误作兩 不。五个单词就错了三个，而且还把汉字"区"和"不"冒充契丹大字。

至于那个被设计为某太师之妻某夫人的契丹大字墓志，则更是通篇错字。所以刘凤翥断定墓志是赝品。既然谎称所有的东西都是从一个辽墓出土的，本着"一假皆假"的原则，丝织品、金银器、瓷器等就不用看了。最后，刘凤翥给签署了"全部是最近几年胡乱瞎造的一文不值的赝品"鉴定意见。

□9．给董永裁鉴定带契丹字的帛画

2010 年 6 月 4 日，中国社会科学院世界历史研究所原所长汤重南给刘凤翥打电话，坚持要来拜访，刘凤翥挡驾无效，只好允许他来访。当日上午,汤重南和朋友董永裁来刘凤翥家。寒暄后,董永裁拿出一张纸给刘凤翥看,上面有他抄写的契丹字,让刘凤翥给他认一认。刘凤翥一看就说:"这是《耶律高十墓志铭》的开头部分。不仅有抄错的地方,也有脱字。例如 才丙火(横帐)一词脱 才,韩高十的'第二个名'叫王宁,抄件上缺杰(王),因而是赝品。"

董永裁对于自己的抄件失去了自信,于是从手提包中取出一个锦盒,从锦盒中取出一件叠着的紫红色的丝织品,如同刚从泥里挖出来的一样,上面有墨笔画,在一旁写着《耶律高十墓志铭》的开头部分。经过核对,董永裁没抄录错,是原件上有错。刘凤翥说:"画归画,墓志铭归墓志铭,把墓志铭的题目抄在画上,纯粹是驴唇不对马嘴。这样的东西不是赝品又是什么呢?"董永裁对于画上的字是抄自《耶律高十墓志铭》仍表示迟疑。刘凤翥取出一本《辽上京地区出土的辽代碑刻汇辑》给他看《耶律高十墓志铭》的拓本照片和第40页的摹本。他这才口服心服。他问:"您怎么一看就知道是抄自《耶律高十墓志铭》呢?"刘凤翥说:"因为我是吃这一碗饭的。"董永裁立即把那本《辽上京地区出土的辽代碑刻汇辑》买走,说是回去好好学一学。

□ 10．给北京故宫博物院鉴定契丹小字墓志铭

2005年,有人把一块契丹小字墓志铭送来北京故宫博物院,说是要捐献给故宫。故宫方面说请人鉴定一下再办理捐献手续。办手续时要给捐献者一张捐献证书和一笔奖励费。捐献者一听要请专家鉴定,就把墓志扔下后再也没有露面。

十年以后,北京故宫把墓志的拓本照片发往刘凤翥的电脑中,请其鉴定。刘凤翥一看就知道是根据《萧太山和永清公主墓志铭》提供的线索瞎编的所谓萧太山和永清公主的二儿子萧旼的墓志铭,是不折不扣的赝品。刘凤翥根据故宫方面的授权在《赤峰学院学报》(哲学社会科学版)2015 年第 1 期发表了《〈萧旼墓志铭〉为赝品说》。

刘凤翥在鉴定赝品的同时,还相继发表了《赝品契丹文字墓志的"死穴"》《解读契丹文字不能顾此失彼,要做到一通百通》《契丹小字〈萧德哩辇·胡睹堇墓志铭〉为赝品说》《契丹文字中的"横帐"》等一系列批驳赝品的文章。

《契丹文字中的"横帐"》一文是 2016 年 9 月 30 日在韩国嘉泉大学举办的"欧亚文明与阿尔泰"国际学术研讨会上宣读的论文。文中举出契丹大字和契丹小字中的 30 多条有关"横帐"的例证,尤其是"横帐孟父房""横帐仲父房""横帐季父房"的例证确凿地论定了 ㄓㄞㄨ 在表示身份时是"横帐"的说法。 ㄖㄜ ㄒㄌ 冇 欠ㄕ ㄓㄞㄨ(国舅的宰相的横帐的)是一个病句。凡是有这个病句的墓志铭都是赝品。凡与这类赝品一起批量生产的墓志铭也都是赝品。从而提供了鉴别赝品的一把尺子。

论文宣读后,受到韩国学者金泰京、李圣揆等人的一致好评。他们一致认为对契丹大字和契丹小字中的"横帐"一词的解读非常正确, ㄖㄜ ㄒㄌ 冇 欠ㄕ ㄓㄞㄨ(国舅的宰相的横帐的)确是病句。真是千里有知音。这篇文章中文本和韩文本发表在嘉泉大学《亚细亚文化研究》2016 年 12 月第 42 辑上。

无论是鉴定还是写文章,刘凤翥都是有理有据,不容置疑,更令人对他研究契丹文字的深厚功底敬佩。而对赝品的鉴定,刘凤翥更有自己的体会,他说:"我之所以能够很快进入鉴别赝品的角色，与长期拓碑、抄碑、校碑有关。正如同自己家的孩子天天见面，非常熟悉，突然有别家的孩子闯进来谎称是您家的孩子，您立马就会把他打发走一样，把真的认准了，假的就混不进去。更何况假的我也见过不少，真的假的都见过很多。见多自然能识广。"

自从 1979 年发表《静安寺契丹文字砖额为赝品说》，2004 年第一次亲身见到契丹文字赝品进行揭露之后，刘凤翥不仅成为契丹文字研究领域勇于揭露赝品的第一人，更在"反赝品之战"中取得了不菲的成绩。但是他并不满足，他认为反赝品的任务还很重，自己做的这些，仅仅是"反赝品之战"的"开台锣鼓"而已，他说：

> 进入 21 世纪之后，契丹文字赝品盛行。而有些没有赝品意识和没有鉴别赝品能力的圈内的年轻同行拿着赝品当真品来写书、写文章，给学界造成极坏的影响。我感到自豪的是敢为天下先，不怕得罪人，敢于奋起揭露赝品。揭露赝品将是目前契丹文字研究工作中一部重头戏。我所揭露的赝品和几篇批驳赝品的文章仅仅是开台锣鼓而已。

刘凤翥经过二十多年的努力，写成《契丹文字辨伪录》。这将是一部站在学术前沿的巨著。

第九章　在契丹文字研究领域翱翔

□1. 在"分子考古学研究"课题组

　　进入 20 世纪 90 年代，刘凤翥分别完成了契丹小字《海棠山墓志》、汉字《萧仅墓志》、契丹大字《耶律祺墓志》、契丹小字和汉字《耶律宗教墓志》、汉字《萧义墓志》、契丹小字《金代博州防御使墓志》残石，以及有"辽代第一碑"之称的汉字《大王记结亲事》碑等的拓碑之后，又受邀加入"分子考古学研究"课题组，并于 1996 年 4 月 25 日与"分子考古学研究"课题组成员一起由北京前往云南施甸县。

　　"分子考古学研究"课题组是由中国社会科学院和中国医学科学院联合组成的，具体研究内容是通过基因测定研究契丹民族的流向问题。他们此行就是去云南省找自称是契丹后裔的族群去提取这批人的血样。

　　对当时课题组成立的具体情况，刘凤翥回忆说：

　　　　自然科学日新月异。尽快把自然科学的先进技术引入人文科学，是大势所趋。自然科学中人类遗传基因（DNA）的研究在我国是新兴起的科学。我大学的同年级同专业的同学陈智超（他是中国社会科学院历史研究所研究员，且出身于史学世家，是陈垣之孙、陈乐素之子）对此最为敏感。经他联络，由中国社会科学院和中国医学科学院联合组成"分子考古学研究"的课题组。具体研究内容是通过基因测定研究契丹民族的流向问题，即解开煊赫一时的契丹民族为何从元朝之后突然消失于史乘的历史之谜。

"分子考古学研究"课题组的负责人有中国医学科学院基础医学研究所杨焕明教授、刘春芸教授和中国社会科学院历史研究所研究员陈智超，刘凤翥和李锡厚是课题组成员。后经刘凤翥提议，课题组又吸收内蒙古文物考古研究所塔拉、齐晓光和乌兰察布盟博物馆陈棠栋和李兴盛为课题组成员。

国家科委批准了这一课题研究后，他们就开始工作了。按照工作程序，研究人员先从辽代有墓志可考的或其他手段证明确是契丹人种的墓主牙齿或骨骼中提取遗传基因做标杆，然后从一些可能与契丹人有血缘关系或根本没有血缘关系的人群中取血样以提取遗传基因，再进行比较研究。

这之前，云南省有一批一直自称为"本人"的阿、莽、蒋姓人族群，自认为是契丹后裔。课题组决定先去提取这批人的血样。经刘凤翥写信沟通，当地自称契丹后裔的蒋鹤春先生自愿给他们当向导。

1996年4月的一天，刘凤翥与课题组成员刘春芸、吴东颖乘飞机到达昆明。在云南省民委和文教处的支持下，他们顺利拿到了批转去保山地区的介绍信，并于当日下午乘机飞往保山。

在保山行署马显能主任的安排下,他们从施甸县由旺镇的蒋鹤春先生口中得知,保山市(县级市)也有许多契丹后裔。于是他们决定先就近在保山市工作,再去施甸县,以便与蒋鹤春先生在保山会合。

三天后,蒋鹤春先生来了。隔天,保山行署民族宗教局、市政协等单位也来了好几位领导和工作人员,刘凤翥介绍了课题小组的研究内容和意义之后,大家都说一定支持研究小组的工作。下午,保山市民委就派出两辆汽车,一位副局长亲自带着医生陪着他们去后庄取血样。

后庄村600多户,2800多人,全部为蒋姓人家。刘春芸、吴东颖负责取血样,刘凤翥则上山拓制蒋姓人家当时的墓碑。村子里一个叫蒋光祖的年轻人给刘凤翥带路。墓地在很高的山上,汽车开不上去,只能步行往上爬。天特别热,爬山又喘又渴,还没爬到山顶,山下的汽车就鸣笛催着下山,刘凤翥只当没听见,继续往上爬,终于爬到了山顶,膝盖已累得疼痛难忍。由于天气过于炎热,闷好的湿纸一打开就干了,很难上纸。刘凤翥勉强上了纸之后,又因为墓碑镶在砖龛内,所以边上的字极不容易往上上墨,再加上时间又过于仓促,结果刘凤翥对那天拓片质量十分不满意。下山之后,天已黑了,他们是乘着月色返回保山市的。

第二天,民族宗教局的一位工作人员带着医生领着他们去辛街乡的龙洞村取血样。龙洞村紧靠官家寨,两村共700多户,2900多人,亦为清一色的蒋姓人家。刘凤翥则由村民蒋国生带路上山拓制立于清嘉庆十七年(1812年)的明代百夫长阿都鲁和阿保父子的墓碑。虽然两座墓碑仍是立于山上,但这座山相比于比昨天的山要低一些。天气虽然也非常炎热,但这一次刘凤翥出行前带上了水,既能喝,又能在上纸时往纸上喷,时间又较富裕,因此他给两座墓碑分别拓了一份比较理想的拓片。

　　两天后,一行人乘汽车离保山市去施甸县。中午抵达后,得知由于近日大雨毁路,县民委汽车一时调不回来。他们正在等候之时,一位叫蒋天禄的契丹后裔表示,他原来在县政府开车,退休后自己买了一辆车,愿意无偿给刘凤翥他们开车服务。这样他们明天即可去木瓜榔村,由当地卫生员协助取血样。

　　第二天上午,他们顺利来到木瓜榔村。仍是刘、吴两位取血样,刘凤翥去蒋氏宗祠拍照。据传,这座祠堂建于明代,民国年间进行过修葺。以前两扇大门上曾有国民党的党徽,院内墙上还有孙中山先生的画像和《总理遗嘱》。刘凤翥见到了门前的对联"耶律庭前千株树,莽蒋祠内一堂春"和室内墙上手托海东青的《契丹人物臂鹰图》和《骏马图》。

1986 年 5 月 3 日,刘凤翥拓制《阿苏鲁墓碑》

　　下午,他们去大竹篷村(旧称"长官司村")取血样。刘凤翥由一个叫蒋发清的村医带路上山拓制立于清代道光二十

171

三年(1843年)的契丹后裔始祖阿苏鲁的墓碑。这座墓碑仍是在高山处。司机蒋师傅特意绕道把汽车开到比墓碑更高的山顶，省了不少体力不说，还告诉刘凤翥不要着急，从容拓，拓到什么时候他都等着，不会催促。所以这一次刘凤翥不仅拓了两份，而且其中一份质量还比较好。下山后虽有些疲劳，但他觉得自己当时胜利返航，心情愉快。

在大乌邑村提取血样。从左至右依次为蒋翠山、蒋天禄、蒋鼎新、刘春芸和医务工作者

此后，他们又去了姚关乡的大乌邑村取血样，还去了边境城市瑞丽访问契丹后裔上层蒋文智、蒋开凤、蒋志刚等。其中蒋文智家族解放前世代为头人。

五天后，刘凤翥离开瑞丽，经昆明来到四川乐山，与在乐山大佛院内等候他的课题组成员、乌兰察布盟博物馆副馆长李兴盛会合，经联系沟通好提取乐山大佛院内陈列的契丹女尸骨骼标本之事后，刘春芸、吴东颖也在昆明完成了对保山地区血样的技术处理。他们也很快来到乐山与刘凤翥会合，并在乌盟博物馆两名人员的协助下提取了契丹女尸左手一节指骨和一小块腕骨以及耳边的一绺头发。至此,他们顺利完成了这次出差任务。刘凤翥也因此次出行付出颇多而被刘春芸戏称为课题组的"公关部长兼联络部长"。

一年后,刘凤翥又与课题组成员刘春芸、吴东颖来到内蒙古自治区宁城县的辽中京博物馆院内的内蒙古文物考古研究所东部工作站。他们从耶律羽之家族墓和耶律祺墓出土的辽代契丹人骨架中提取了牙齿或头骨标本。刘凤翥还顺便对辽中京博物馆新征集的辽代汉字《刘文用墓志》《刘贡墓志》《张昌龄墓志》和《萧闛葬礼做佛事碑》等进行了拓制或抄录。

此后,他们又于5月18日抵达喀喇沁旗,对该旗宫营子乡郑家窝铺村于1995年出土的辽代契丹人骨架提取了牙齿的标本。刘凤翥在两年前就对该墓出土的契丹小字墓志拓本进行了鉴定,并给此墓志命名为契丹小字《耶律永宁郎君墓志》残石。此次也乘机精心拓制了两份此墓志的拓本。

1998年秋,刘凤翥又与刘春芸、吴东颖去内蒙古呼伦贝尔盟的莫力达瓦达斡尔族自治旗和鄂温克族自治旗、满洲里市、额尔古纳市等地提取了达斡尔族、鄂温克族和蒙古族人的血样以及古代鲜卑人的骨骼标本。

历经两年多的时间,几次提取血样及骨骼标本,又经对遗传基因测定后的比较研究,课题组终于作出认定,云南"本人"和达斡尔族确实为契丹族后裔。因此,刘凤翥回忆说:

至此,我们终于弄明白,契丹民族突然消失于史乘的原因,一言以蔽之,民族同化与民族融合而已矣。元代蒙古人建立横跨欧亚大陆的蒙古大帝国时,连年征战,频繁征兵,能征善战的契丹人被征招殆尽,他们被分

散到各地,有的保持着较大的族群如达斡尔人作为民族而存续了下来;有的好比扔在大海中的一块冰,被当地人如蒙古人、鄂温克人同化了。云南"本人"犹如湖南省桃源县的维吾尔人,均是元代不同民族的官兵落籍于当地而保持着对原来民族的记忆和认同感。达斡尔人和云南施甸县阿莽蒋姓契丹后裔对课题组的结论都非常高兴。

□2.鉴定契丹小字《耶律迪烈墓志铭》引发的故事

几十年倾心契丹文的钻研,刘凤翥最高兴和欣慰的事就是不断取得的研究成果。其中他在1997年为北京辽金城垣博物馆鉴定契丹小字《耶律迪烈墓志铭》前前后后的经过,不仅让他高兴让他难忘,也被他称为"由鉴定契丹小字《耶律迪烈墓志铭》而引发的故事"。

事情的起因发生在1997年3月的一天,北京市文物研究所齐心所长派她的秘书来到刘凤翥家,送来了齐心所长专函及两张契丹小字墓志拓片请他鉴定。刘凤翥当时即认出,其中一张是内蒙古敖汉旗出土的《金代博州防御使墓志》。于是他找出一份刊有解读此墓志文的《汉字研究》第13卷第2期抽印本交给了王秘书。另一张拓片刘凤翥没有见过,他决定把拓片留下,自己研究一下再答复。

到第二天晚上9点的时候,刘凤翥根据墓志中出现的墓主人官职永州同知、北院承旨、武安州观察(使)、长宁宫副使、六院大王、南京留守等以及墓主人薨于大安八年(1092年)正月二十三日,享年67岁等内容,即断定墓志主人为《辽史》卷 96 有传的耶律敌烈。这些是刘凤翥的第一点鉴定结论。

此外，刘凤翥还看到，这一墓志拓片方方正正，有边有沿，不残缺，共 32 行。从解读情况看，墓志主人共娶了 3 个妻子。前 2 个妻子各是谁的女儿，各生了几个女儿，女儿又嫁给了谁，都叙述得很详细，但还没有说第 3 个妻子的情况，志文就戛然而止，而且也没有墓志撰者的自谦辞和铭文。根据这些情况，刘凤翥断定这一墓志拓片并没有把话说完，肯定在墓志背面或志盖背面还会有后续部分。这是刘凤翥的第二点鉴定结论。

第二点鉴定结论得出后，时间已经很晚了，但刘凤翥仍然挂通了齐所长的电话，告诉了她自己的两点鉴定结论。齐心所长说，墓志原石现存北京辽金城垣博物馆，等周一上班后她会打电话把刘凤翥的两点鉴定意见转告给北京辽金城垣博物馆。

很快，北京辽金城垣博物馆范军馆长就在周一上午给刘凤翥打来电话说，已得知齐所长转来的两条鉴定意见。她认为第一点鉴定意见完全正确。因为志盖正面中央有篆体汉字"南瞻部州大辽国故迪烈王墓志文"。至于第二点结论，那位范馆长则没有认同，因为她没有发现志石或志盖背面有字。

刘凤翥则坚持自己的第二点鉴定意见。最后范馆长决定第二天派车接刘凤翥亲自去博物馆验证。于是，到达北京辽金城垣博物馆之后，刘凤翥先请馆里的人把志石翻过来，一看确实没有字。他又让他们把志盖翻过来看，这一下，果然看见志盖背面靠右边刻了 9 行契丹小字。再一看，第 1 行就写出了第三个夫人的情况。结果是这位夫人生了 3 个男

孩，以及 3 个男孩的具体情况，还有墓志撰者耶律固的自谦辞和铭文。墓志的最后 1 行是年款和书写者姓名及身份。也就是说，加上这 9 行总共 41 行契丹小字才形成了完璧的墓志。

事后范馆长对刘凤翥说："我把墓志运回来，装车卸车一直没有发现两块石头的背面有字。接到齐所长电话后，我又伸手去两块石头的底下摸了一下。志盖背面只有右半边有字，我摸的正好是左半边，所以没发现有字。没想到您仅从拓片就能知道墓主人是谁，而且还能断定话没说完，缺了什么内容。您解读契丹文字的水平实在令人佩服。"

刘凤翥解读契丹文字的水平着实让范馆长佩服，而契丹小字《耶律迪烈墓志铭》引发的故事也还在继续。刘凤翥回忆说：

我把总共 41 行契丹小字的墓志解读后，范馆长又找来该馆的业务人员周峰同志向我专门请教有关此墓志的一些具体问题。范馆长还为了答谢我对此墓志的鉴定意见，在当日中午特设酒宴款待。几天以后，范馆长还惠赠该墓志全套拓片一份三张与我。我把墓志全文抄录一份并加释文送给博物馆存档。后来新任馆长卢迎红与周峰合写了《契丹小字〈耶律迪烈墓志铭〉考释》发表于《民族语文》2000 年第 1 期。

博物馆还想给我个人办一个拓片收藏展览，我提出不要办个人展览，与我们民族研究所合办好了。于是两个单位于 1998 年 10 月合作举办了"辽金碑刻拓片精品展"。以我们研究所的藏品为主，北京的一些文博单位也给予了支持，我个人也提供了一些展品。展览结束以后,卢馆长送了我一份《吕君墓表》(原石存北京辽金城垣博物馆)的拓片。后来又聘请我为北京辽金城垣博物馆的学术顾问。这都是由鉴定契丹小字《耶律迪烈墓志铭》而引发的故事。

□3．为契丹文字研究培养人才

为了传承和弘扬契丹文字,2004 年上半年,刘凤翥开始在北京大学历史系教授"契丹文字研究"的课程,由此成为名牌大学里开设契丹文字课程的第一人。2007 年,刘凤翥来到赤峰,为赤峰学院历史系的青年教师讲授"契丹文字速成"的课程。2019 年下半年,刘凤翥又为中国社会科学院研究生院考古系的八名研究生讲授"契丹文字初程"的课程,精彩的内容也吸引了民族系和中国人民大学历史系的研究生旁听。

在拓碑、钻研契丹文字研究的同时,不忘为契丹文字研究培养青年人才,这是刘凤翥对我国契丹文字研究的又一贡献,因而也受到业内人士的好评。2022 年,他又在北京大学历史招收了一位博士研究生。目的是为了贯彻"要确保有人做,有传承"。

民族研究所史金波学部委员回忆说:"凤翥兄不仅自己钻研契丹文字,弘扬契丹学问,还注重这一学科的长远建设,努力培养青年人才。2004 年他在北京大学历史系开课,教授"契丹文字研究",授课十分认真。如今听他讲课的学员有的已经成为契丹文字研究的骨干力量。2013 年他又和我合作招收一名博士生。学生主要向凤翥先生学习契丹文。凤翥兄虽近 80岁高龄,仍坚持每星期给学生授课,孜孜不倦,令人钦佩。"

刘凤翥则称"学生聚精会神地听我讲课也是让我倍感欣慰的事"。他说："2004年上半年，我在北大历史系讲了整整一学期"契丹文字研究"的课程。契丹文字作为一门正规的课程在名牌大学开设，这恐怕是破天荒第一次。我作为这破天荒第一次开设课程的讲授者，虽然70多岁了，然而在讲台上一站就是2小时，一点儿也不觉得累。原因就是学生们聚精会神地听我讲。我看着他们聚精会神地听讲的样子，感到特别高兴。做自己高兴的事就不觉得累。"

刘凤翥在北京大学讲授"契丹文字研究"课程（2014年5月28日摄）

赤峰学院历史文化学院李俊义在《薪传火继，拯救绝学——契丹文字专家刘凤翥先生来赤峰学院讲学纪要》一文中，则更清晰地写出刘凤翥不辞辛苦为赤峰学院授课的情景：

2007年6月7日，年逾古稀的先生在李春敏老师的陪同下，莅临赤峰学院。自此，先生不避酷暑，每天坚持为学院青年教师讲授六课时，内容涉及"契丹文字的创

制""契丹文字的失传""契丹小字资料的最初出土和初
步研究""国外对契丹小字的研究""研究契丹小字的新
高潮""契丹小字资料介绍""契丹大字资料介绍""契丹
大字研究概况""日本国爱宕松男教授解读契丹小字方
法之剖析""契丹小字墓志解读举例""契丹大字墓志解
读举例"等专题。先生倾其所有,尽其所能,竭其所劳,
注其所爱,将其数十年来契丹语言文字的研究成果无私
地传授给赤峰学院的青年教师。

　　听讲者认真学习,短短几天的时间,他们即能够识
读常见的契丹文字。听讲者决心在刘先生的指导下,刻
苦钻研契丹文字学知识,再传授给学生们,将契丹文字
学薪传火继,发扬光大。

刘凤翥在赤峰学院讲授"契丹文字速成"课程(2007 年 6 月
10 日摄)

　　除此之外,6 月 11 日下午,刘先生还为全院学生作
了题为"契丹后裔今何在"的学术报告。重点讲述了他
与"分子考古学"课题组其他成员,中国医学科学院的杨
焕明教授、刘春芸教授、吴东颖博士,中国社会科学院的

陈智超研究员、李锡厚研究员和内蒙古的齐晓光、塔拉、陈堂栋、李兴盛等专家学者利用 DNA 的尖端科学技术研究契丹后裔的艰辛历程，并回答了学生们的提问。

6 月 15 日，先生又为全院学生作了题为"神秘的契丹文字"的学术报告，重点讲述了契丹文字研究的学术成果和学术前景，并回答了学生们的提问。

此次先生来赤峰学院讲学，对提高赤峰学院乃至赤峰地区契丹辽文化研究水平，弥补契丹语言文字研究的短板，加快学院重点学科建设产生了深远的影响。

6 月 20 日，先生结束讲学。

□4．自费去各地拓碑

退休后，刘凤翥本可以被返聘，但他为了做些自己愿意做的事，决定"按时退休"。主要为了排除干扰，争取时间，尽自己的力量完成更多的拓碑和研究任务。谈及此，刘凤翥回忆说：

1994 年 11 月 30 日，我到民族研究所去上最后一天班。在崇文门上了所内的班车之后，我坐在了我的顶头上司民族历史研究室主任卢勋同志身边。我告诉他："我已办妥了退休手续。从次日起我就是退休人员了。我不接受研究室的任何返聘。阎王爷给我留下的时间已经不多了，我想做点我自己愿意干的事。从明天起就不再来所上班了。"卢主任对我说："我充分尊重您个人的意愿。按着有关规定，您不返聘，也就没有您的科研经费了。不过只要我在位一天，您若出去拓拓片，多拓一份交给室里,我仍然给您报销差旅费。"他已充分认识到为单位网罗资料的重要性。卢主任的这种知遇之恩和格外恩典使我倍感亲切。

　　人贵有自知之明。虽说卢主任说了上面的话,但我应该尽可能自觉些,不要给他添麻烦。我采取了一些自力更生的其他办法,仍然继续从事外出拓制碑刻的工作。

　　从此之后,刘凤翥开启了他自1998年5月开始自费去天山镇拓碑,一直到2014年11月赴平泉,退休以后,刘凤翥的"拓碑行动"历时三个阶段。历经十几年,刘凤翥与夫人走遍了契丹人曾经生活过的内蒙古、辽宁、河北等地,他们用辛勤的汗水,完成了一件件宝贵的碑刻拓片。

　　1998年5月21日,刘凤翥自费离京奔赴赤峰市阿鲁科尔沁旗的天山镇,23日完成了契丹小字《耶律兀里本・慈特墓志》拓制;1999年6月,刘凤翥赴内蒙古考古所拓回了契丹大字《耶律祺墓志》、契丹小字《耶律副部署志》和汉字《耶律羽之墓志铭》的拓本;1999年7月,刘凤翥抱病去通辽市扎鲁特旗拓制了契丹小字《耶律弘用墓志》和汉字《寂善大师墓志》的拓本。

　　2001年4月,刘凤翥赴内蒙古赤峰市元宝山区拓制了契丹大字《耶律昌允墓志》和耶律昌允之妻《兰陵郡夫人萧氏墓志铭》,还去了设在辽中京博物馆的内蒙古文物考古研究所东部工作站拓回了契丹小字《撒懒・室鲁太师墓志碑》的拓片。

　　2002年5月16日至21日,刘凤翥与夫人李春敏赴锦州市北镇县,共同完成了契丹小字和汉字《耶律宗教墓志铭》、汉字《秦晋国妃墓志铭》《耶律宗政墓志铭》及《耶律宗允墓志铭》的拓制。

　　2002年5月22日至6月20日,刘凤翥与夫人李春敏先

后奔赴辽宁阜新市、北票市、朝阳市、建昌县和内蒙古自治区的宁城县、翁牛特旗和巴林左旗等地去拓制契丹小字《耶律奴墓志铭》、契丹小字和汉字《耶律智先墓志铭》、契丹大字《石棺铭》、汉字《尹能墓志铭》、汉字《王唯景墓志铭》、汉字《张昌龄墓志铭》、汉字《萧孝恭墓志铭》、汉字《萧孝资墓志铭》、汉字《刘慈墓志铭》、汉字《刘暐墓志铭》、汉字《韩匡嗣墓志铭》、汉字韩匡嗣之妻《秦国太夫人萧氏墓志铭》、汉字韩匡嗣之子《韩德威墓志铭》、汉字韩匡嗣之子《耶律隆祐(即韩德凝)墓志铭》、汉字《韩德昌墓志铭》、汉字韩德威之子《耶律遂正(即韩雱金)墓志铭》、汉字韩德威之孙《耶律元佐(韩谢十)墓志铭》、契丹小字韩德威曾孙《耶律迪烈墓志铭》、契丹小字韩德昌之孙《韩高十墓志铭》等碑刻的拓本。

2003 年 7 月 17 日,刘凤翥与夫人李春敏赴内蒙古自治区的科右中旗拓制了汉字《耶律宗愿墓志》。8 月 4 日,他们又在辽宁省建平县博物馆拓回了汉字《秦德昌墓志铭》的拓片。

李春敏在拓制《王裕墓志铭》(2004 年 8 月 11 日摄)

2004 年 8 月 9 日,刘凤翥与夫人李春敏奔赴辽宁喀左县,在该县博物馆拓回汉字《王悦墓志铭》《王裕墓志铭》《王奉诸墓志铭》《刘奉殷墓志铭》《韩绍卿墓志铭》的拓片各一份。

2004 年 8 月 12 日,刘凤翥与夫人李春敏到达辽宁省阜新蒙古族自治县,13 日至 14 日完成了契丹小字《萧太山与永清公主墓志碑》和汉字《永清公主墓志碑》的拓片。2004 年 8 月 15 日,他们到达内蒙古自治区的通辽市,在科尔沁博物馆拓回了《萧琳墓志铭》的拓片。

2008 年 8 月 3 日,刘凤翥与夫人李春敏到达辽宁省阜新市,在该市文物管理办公室拓制了契丹小字《尚食局使墓志铭》。

刘凤翥与夫人李春敏拓制契丹大字《多罗里本墓志碑》正面
（2008 年 8 月 5 日摄）

2008 年 8 月 5 日他们到达内蒙古自治区的阿鲁科尔沁旗的天山镇,在阿旗博物馆拓制了契丹大字《多罗里本墓碑》。

2008 年 8 月 6 日,刘凤翥与夫人李春敏到达内蒙古自治区巴林左旗林东镇,从 8 月 7 日至 15 日,一直拓制辽祖陵龟趺山出土的《辽太祖纪功碑》残石,直至全部完成。

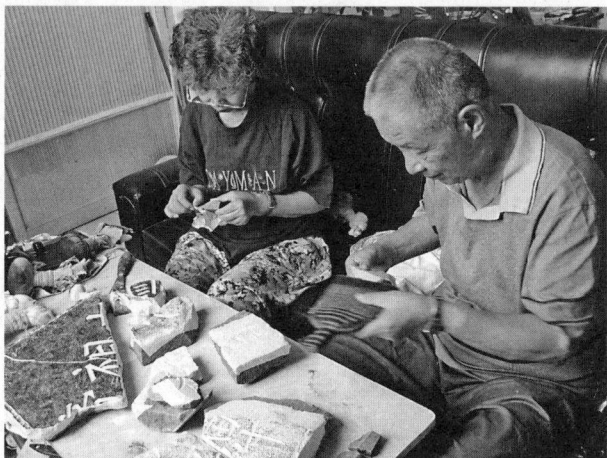

刘凤翥与夫人李春敏拓制《辽太祖纪功碑》残石(2008 年 8 月 10 日摄)

2008 年 12 月 10 日,刘凤翥与夫人李春敏又从呼和浩特市鄂尔多斯青铜器博物馆拓回汉字《耶律祁墓志铭》的拓片。

2009 年 6 月 20 日,刘凤翥与夫人李春敏赴河北平泉县,在县博物馆拓制完成了汉字《萧延宁妻耶律氏墓志铭》和《萧福延墓志铭》。

2010 年 11 月 30 日,刘凤翥与夫人李春敏赴河北涿州市,拓回辽代汉字《梁颖墓志铭》的拓片。

2014 年 11 月 18 日,刘凤翥与夫人李春敏和学生张少珊赴平泉,拓回了汉字《秦晋国大长公主墓志铭》《萧绍宗墓志铭》和《耶律燕哥墓志铭》的拓片。

刘凤翥最后一次去平泉,终于完成了《秦晋国大长公主

墓志铭》的拓制。因此回忆起来刘凤翥仍然是抑制不住的兴奋,他说:

> 我为拓制《秦晋国大长公主墓志铭》,曾三次去平泉。1997年5月第一次去平泉,结果扑了个空,一无所获。2009年6月我再次去平泉,仅仅拓制回来辽代《萧延宁妻耶律氏墓志铭》和《萧福延墓志铭》。2014年这次虽然辛苦一些,但不仅拓制了《萧绍宗墓志铭》和《耶律燕哥墓志铭》,还拓回来《秦晋国大长公主墓志铭》,实在是一次拓碑大收获。真可谓有志者事竟成。

三次平泉拓碑虽然收获不小,却没有让刘凤翥的拓碑行动画上句号。此后,刘凤翥与夫人李春敏又先后在2016年7月和9月分别去了内蒙古自治区敖汉旗新州博物馆和多伦县文物局拓回赝品契丹小字《耶律玦墓志铭》和辽代汉字《萧贵妃墓志铭》的拓片。他们还在2018年5月去了神木县花石崖镇,对不允许拓制的女真字摩崖进行了考察。

□5. 赴俄罗斯传授拓碑技术

伴随着奔赴多地的拓碑和不辞辛苦的付出,刘凤翥不仅收获了诸多宝贵的契丹文研究资料,还练就了一手纯熟高超的拓碑技术。更为难得的是,他的夫人李春敏也“夫唱妇随”,练就了一手丝毫不逊于夫君的拓碑技术。特别是进入21世纪后,几乎每一块新出土的契丹文碑刻前都会出现他们的身影。夫妇二人用辛勤的汗水完成了一张又一张宝贵的

契丹文碑刻拓片。拓碑技术更是由中国传到了遥远的俄罗斯。

（一）受邀飞赴俄罗斯阿巴坎

传拓碑刻是中华文化不可或缺的国粹。2002年以来，刘凤翥的妻子李春敏几乎年年都陪他出差，练就了一手拓碑技术。为此刘凤翥还写了一本《遍访契丹文字话拓碑》(华艺出版社2005年版)。

在俄罗斯哈卡斯共和国首府阿巴坎博物馆及附近的米努辛斯克博物馆有许多岩画和突厥文的碑刻。要研究这些石刻，就必须先把它们传拓成拓本。但当地的研究人员并不会传拓，为此，他们也很犯愁。当地有一位考古学家也是企业家的人叫谢里根（Нарылков Сергей Геннадьевич），他的妹夫是芬兰人杨虎嫩（Juha Janhunen）。这位杨虎嫩先生是赫尔辛基大学的教授，也是世界知名的汉学家。

于是谢里根委托杨虎嫩物色并聘请一位中国的拓碑专家去俄国的哈卡斯共和国传授拓碑技术。杨虎嫩对谢里根说："不用物色，现成的就有。我读过中国刘凤翥教授撰写的《遍访契丹文字话拓碑》一书，刘凤翥教授和他的夫人李春敏都是拓碑能手。聘请他们两位就可以了。"

就这样，杨虎嫩与谢里根在2009年8月来到北京，并亲临刘凤翥家中与他洽谈聘请他们夫妇二人去俄国传授拓碑技术之事。有关事宜谈妥之后，刘凤翥就领着两位远来的"老外"去琉璃厂。他们在那里买了拓碑需用的生宣纸、墨、墨汁、砚台、毛笔、排笔、棕刷等物品。接着去瑞蚨祥买了2米薄绸子及白色纯棉毛巾，最后又去中药铺买了块状和粉末状的白芨各500克。

刘凤翥还自己去了一趟通州区张家湾镇齐善庄的北京

刷子王工厂,在那里定做了拓碑上纸用的大刷子和中刷子各两把,又亲手捆了拓碑上墨用的六个扑包后,又补上了两个拓小器物用的。接着就把这些拓碑原料和工具全交由谢里根带回俄国。临走时,谢里根还不忘嘱咐刘凤翥立即去办护照。

2009 年 12 月 10 日,刘凤翥与夫人李春敏乘飞机奔赴俄罗斯。经过 4 小时飞机和 5 小时汽车的行程,他们到达阿巴坎,住入宾馆已是次日凌晨 3 点钟了。

(二)在米努辛斯克博物馆帮助当地拓制突厥文碑刻

12 月 14 日开始,刘凤翥和夫人李春敏连续四天在米努辛斯克博物馆帮助他们拓制突厥文碑刻,同时也向他们传授拓碑技术。整个拓碑和传授过程虽然很辛苦,但还比较顺利。由中国教育部派往哈卡斯国立大学的志愿者教师杨平自始至终为刘凤翥当翻译,谢里根先生则派了萨莎、伽嘉、阿妮娅和索尼娅四个姑娘向刘凤翥学习拓碑。

来俄罗斯之前,刘凤翥就写了一份有关拓碑方法和步骤及容易出现的问题等讲授拓碑技术的提纲,并请中国社会科学院俄欧亚研究所的刘庚岑先生给翻译成俄文。来到米努辛斯克博物馆后,就把打印好的俄文提纲发给了几位学员,然后让她们一面看着提纲一面看着他操作。

刘凤翥从上纸示范开始一直到上墨,对一件有突厥文的石碑进行拓制。这件石碑不仅正面有字,左、右两侧及顶部也有字。因为拓制面积较大,一张 6 尺的宣纸都不够。于是刘凤翥让几位学员仔细看,如果一张纸不够大,应该如何往上接纸。把她们教会之后,就让她们亲自动手操作,刘凤翥和夫人在一旁监督,发现问题,就立即纠正。

就这样在他们与学员的共同努力下,四天共拓制了 11

块突厥文碑刻。其中最大的有 5 米多高,必须踩着高梯子才能上纸上墨。最小的长 30 多厘米,宽 10 多厘米,只能将碑卧在地上,而且必须蹲着上纸上墨,拓起来也同样不轻松。另外绝大多数碑刻都是好几面有字,无形中工作量也增加不少。因而收工时还有十来块突厥文的碑刻没有来得及拓。这样,没有完成的任务就落在了已经学会拓碑技术的学员们身上。

(三) 在阿巴坎博物馆拓碑表演

12 月 19 日,阿巴坎博物馆有一个考古学家和艺术家的聚会。谢里根安排刘凤翥和夫人及学员去进行拓碑表演,以便让那些考古学家和艺术家们领略一下中华国粹传拓技术。博物馆还特意找了一件鸭蛋形的岩画石刻让他们表演。

能把一张平纸上到鸭蛋形的物体上?听起来似乎有些不可想象,但这正是刘凤翥拓制的强项。只见他把叠好的纸往热水中一蘸就用湿毛巾包上了,这叫闷纸。差不多 20 分钟后,纸上的水分均匀了,纸也就闷好了。刘凤翥先在鸭蛋形拓制物上刷一层白芨水,这样能把纸粘住不脱落。接着把闷好的、折叠着的湿纸揭开,撕一块比拓制物略大的纸放在鸭蛋形的拓制物上。然后先用棕刷从顶部把纸往左、右两侧刷平,再把向怀里一侧的纸撕开成左、右两翼,把左翼用棕刷把纸刷平,再把右翼搭在已经刷平的左翼上,然后用棕刷把纸刷平,再转到对面去,用同样的方法把对面的纸刷平。

石刻底部没有岩画,不用拓制,也不用上纸。就这样,鸭蛋形的岩画石刻上纸的第一步就完成了。在场的人看到鸭蛋形的岩画石刻上的纸是平平的,没有任何褶子,不由啧啧称赞。接着就由刘凤翥监督,学员伽嘉操作第二步。只见她先用薄绸子把拓制物盖上,这样做是为了防止下一步动作时把纸扎破。然后伽嘉就用大猪鬃刷子隔着绸子砸纸（因为生宣纸湿了之后有延展性），这样可以使岩画花纹处的纸都陷下去。

刘凤翥和夫人李春敏在俄国给鸭蛋形岩画石刻上纸（2009年12月19日摄）

待上好的纸晾干之后，在刘凤翥夫人李春敏的监督下，学员阿妮娅和伽嘉开始上墨。上墨的要领是一拍子（扑包）下去，不怕白，就怕黑。拍下去不黑才是正常现象。两位学员一遍一遍地来，拍一遍就逐渐黑一些。拍到60遍时，已经是黑白分明，也就是达到最佳效果了。（倘若一下子拍黑了，该白的地方也会洇黑了，就没救了。）当最后像脱帽一样把立体的拓片揭取下来时，现场立时响起热烈的掌声。整个拓碑表演过程都是刘凤翥与夫人李春敏及学员们共同完成的，刘凤翥很高兴，因为现场表演足以说明学员们已经毕业了。

在拓碑表演过程中，前来观摩的考古学家和艺术家还提了很多问题，例如中国的传拓技术是什么时候发明的，白芨

水如何冲泡,白芨水的作用,纸陷入很深的笔画中为什么不破等,刘凤翥都一一作了解答。此外,《阿巴坎日报》和哈卡斯共和国电视台等新闻媒体也对他们这次拓碑表演进行了采访和报道。

(四) 在米努辛斯克博物馆作契丹文字学术报告

刘凤翥与夫人在米努辛斯克博物馆拓制碑刻时,正赶上当日下午有一个学术报告会。各地的考古工作者都带着各自 2009 年的出土物和撰写的论文来博物馆作汇报。主持报告会的博物馆考古部奥莉娅主任听到刘凤翥是契丹文字研究者之后,执意邀请刘凤翥就契丹文字问题作一次学术报告,而且还把他排在第一个发言。于是刘凤翥就契丹文字的创造、失传、发现、解读,契丹大字和契丹小字的区别以及二者的解读成果等问题作了 40 分钟的发言,仍是杨平老师做翻译。结果听众对他的发言不仅非常感兴趣,而且将他写在黑板上的契丹文字纷纷拍照。刘凤翥讲完之后,更是掌声热烈、经久不息。

紧接着,在哈卡斯国立大学的安排下,刘凤翥又给该校历史系与中文系的老师和学生做了一个有关契丹文字的学术讲座。这一次是俄罗斯的伊娜老师和中国的杨平老师为他做翻译。刘凤翥除了就契丹民族为什么创制两种契丹文字,两种契丹文字是如何逐步被解读的,解读契丹文字的意义等问题作了讲解外,还顺便讲了通过 DNA 技术如何测定中国的达斡尔人、中国云南省的"本人"是契丹后裔等。同时他还讲到契丹文字的最新解读成果,达斡尔本意是"原来的辽",证明了上述结论的正确性。

讲演最后,刘凤翥用十几分钟时间让大家提问。对大家最感兴趣的契丹文字如何被解读的问题,刘凤翥告诉他们说，要想解读一种死文字，必须有与该死文字对译的资料。最早出土的契丹小字《辽兴宗皇帝哀册》《仁懿皇后哀册》《辽道宗皇帝哀册》《宣懿皇后哀册》都有汉字哀册伴随出土。契丹小字哀册和汉字哀册虽然都不是互相全文对译的，但不乏对译的内容，例如汉字哀册说道宗皇帝于寿昌七年正月十三日驾崩，六月二十三日埋葬，契丹小字哀册也应有这些内容。仁懿皇后、宣懿皇后的情况也应如此。早期的契丹文字研究者就是通过契丹小字哀册与汉字哀册互相对比后，对比出一些年号、干支和数目字等契丹小字的字义。

　　还比如位于陕西省乾县唐乾陵武则天无字碑上刻于金代天会十二年的《大金皇弟都统经略郎君行记》，几百年来一直被误认为是女真字的碑刻。随着研究的深入，终于判明，原来它是用对译的契丹小字和汉字刻的。其中的人名"王圭""黄应期"、地名"梁山""唐乾陵"和官名"尚书之方郎中"等应当是互相音译的。现已解读出下列语词：[契丹字]（尚）[契丹字]（书）[契丹字]（职）[契丹字]（方）[契丹字]（中）、[契丹字]（唐之）[契丹字]（乾）[契丹字]（陵于）、[契丹字]（梁）[契丹字]（山）、[契丹字]（经）[契丹字]（略）、[契丹字]（黄）[契丹字]（应）[契丹字]（期）。解读对了就一通百通，例如[契丹字]读 l，它用在该读 l 的地方都读 l，如[契丹字]（郎）、[契丹字]（陵于）、[契丹字]（梁）、[契丹字]（略）等，[契丹字]读 ang，它用在该读 ang 的地方都读 ang，如[契丹字]（尚）、[契丹字]（郎）、[契丹字]（唐之）等，[契丹字]读 ying，它用在该读 ying 的地方都读 ying，如[契丹字]（应）、[契丹字]（经）、[契丹字]（陵于）等。就这样读音与释义相结合，滚雪球似的逐步往前推进，不断积累解读成果。刘凤翥这种举例说明契丹文字从初出土时无人能识一字到逐

步被解读的过程及解读方法,得到了在场听众的首肯。

讲座结束后,刘凤翥和夫人把在国内准备的已经装裱成轴的两幅于义为"仁寿福至"的契丹小字书法分别送给了历史学院的盖切耶夫院长和谢里根先生。他们还向哈卡斯国立大学图书馆赠送了刘凤翥有关契丹文字的著作:《遍访契丹文字话拓碑》和《辽上京地区出土的辽代碑刻汇辑》。

此外,刘凤翥在米努辛斯克博物馆拓制工作结束时,为该博物馆用毛笔在一张宣纸上写了于义为"文化无国界"的契丹小字,并译为汉字,题款盖章。在阿巴坎博物馆表演完拓碑技术后,也为博物馆用毛笔题了于义为"文化事业,千春万秋"的契丹小字,并同样翻译为汉字,盖章题款。对此,刘凤翥称自己是"尽力使异国学界直观地接触契丹文字和了解契丹文字"。

(五)为阿巴坎博物馆鉴定刻有汉字的文物

在阿巴坎博物馆,有一件标号为6440号的藏品,是5块大小相同的类似汉简的大理石长条,每块都是长27厘米,宽3厘米,厚1.3厘米,且两端有穿孔,上面刻有汉字。这是一位农民于1978年在哈卡斯共和国的图塔特奇科夫村附近的古城址捡到后交给博物馆的。博物馆的工作人员不知道那是什么文物,也不知道是干什么使的。于是请刘凤翥鉴定。

刘凤翥告诉他们,那是唐代皇帝册封某位部落首长用的封册。它的作用好比任命状。至于为什么不用纸的而用大理石的,这一来是表示郑重,二来可以长期保存。而且根据不同等级质料也不同,有金的、玉的和大理石的。还有封册两端的穿孔,是串金丝或铜丝用的。这样串起来就像古代简册装的书一样。这种制度一直到现在中国还有使用,例如国务院于1995年册封第十一世班禅额尔德尼就是用的金册。

刘凤翥看到的五根封册已是断编残简，互不连贯。于是回国后，他就让助手康鹏用电脑搜索《唐大诏令集》《全唐文》等书，却没有搜索到这个封册的全文。虽然如此，但查到了相关的历史记载。例如咸通是唐懿宗的年号，咸通七年即是公元866年。查《资治通鉴》卷150咸通七年（866年）十二月条有"十二月，黠戛斯遣将军乙支连几入贡，奏遣鞍马迎册立使及请亥年历日"。黠戛斯就是现在的哈卡斯。五根封册断编残简就是唐懿宗册封黠戛斯首领为"王"或"可汗"的实物。在历史文献中，不乏唐朝皇帝册封黠戛斯首领为"可汗"的文件，例如《全唐文》卷76有唐武宗《立黠戛斯为可汗制》。

刘凤翥将四根断为两截，一根断为三截的五根封册拓成拓本后拼接如下图：

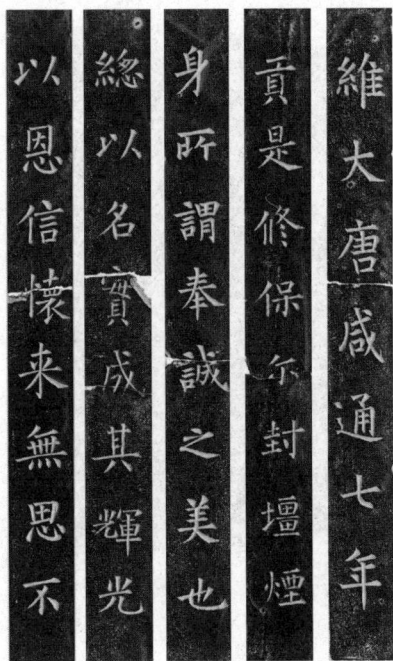

俄藏唐代封册的拓本照片

此外在阿巴坎和米努辛斯克盆地有一个据说是西汉李陵官邸的古遗址,当年曾出土许多带汉字的瓦当。后来这些瓦当分别存于阿巴坎博物馆和米努辛斯克博物馆。刘凤翥又帮助博物馆的人解出了瓦当上的汉字为"天子千秋万岁,常乐未央"。

□6.巨作《契丹文字研究类编》问世

2014年,凝聚着刘凤翥50余年心血、集契丹文字研究之大成的8开本布面精装四册一套的《契丹文字研究类编》由百年老店中华书局出版。

布面精装四册一套的《契丹文字研究类编》

自 20 世纪 80 年代《契丹小字研究》出版后,时隔近 30 年,又一部契丹文字研究大作问世,既是刘凤翥几十年辛勤付出、致力契丹文字的研究成果,更标志出我国契丹文字研究的又一个周期性飞跃。对此,刘凤翥是这样说的:

> 《契丹文字研究类编》出版,我对此感到莫大的欣慰和喜悦。严格说来,我一生所做的有意义又有学术价值的事情就是研究契丹文字这一件事。现在凝聚着自己 50 多年夜以继日、呕心沥血的劳动成果即将呈现给广大读者,我有说不出的喜悦和兴奋。

《契丹文字研究类编》全书分为七部分。第一部分为契丹文字研究综述。主要讲述契丹文字的创制、失传与重新出土以及最初研究,契丹大小字的区别以及我国契丹文字研究的历史和现状。

第二部分为契丹小字论文选编。收集了我国早期契丹小字研究者罗福成、厉鼎煃的全部论著以及刘凤翥多年解读契丹小字的文章近 40 篇。还有刘凤翥主笔的论文 6 篇。其中,每一件契丹小字墓志都有 1 篇或 2 篇考释文章。

第三部分为契丹大字论文选编。总共收编了刘凤翥研究契丹大字的论文 14 篇。这 14 篇论文中,意义深远影响最大,也是刘凤翥较为满意的文章是《若干契丹大字的解读及其它》《若干契丹大字官名和地名的解读》及《契丹大字〈耶律昌允墓志铭〉之研究》。尤其是其中刘凤翥对辽代双国号的诠释,不仅被中国社会科学院荣誉学部委员王增瑜教授在著作中予以引用,资深历史学家陈智超还特意撰文予以评述,足见其影响之大。

第四部分为契丹文字的释义与拟音。目前契丹文字的研究重点就是解读，即释出每个契丹文字单词的字义和对每个契丹小字的原字及每个契丹大字的音值进行构拟。这一部分可以说是最体现刘凤翥多年来解读契丹文字成果的部分。因为刘凤翥自研究契丹文字以来，一直是通过音义结合的方式，以已知求未知的科学方法对契丹字进行释读，对契丹小字的原字和契丹大字的音值进行构拟。之后再放到不同场合去验证，以达到一通百通。

第四部分收录的就是通过这种科学的方法释义和拟音的契丹文字。其中包括已经释读的契丹大字词语和对部分契丹大字的拟音，还包括已经释读的契丹小字词语和对部分契丹小字原字的拟音，因此这一部分可说是全书的眼睛，亦可以说是一部已经解读的契丹字词典。

第五部分主要是契丹文资料。其中收集了契丹大小字以及对应汉字的墓志、哀册、墓碑、印章、钱币、铜镜、符牌等铭文145件。这些资料不仅数量多，且保存完好、品相清晰。难得的是，所有契丹文字的墓志都是刘凤翥的夫人李春敏老师亲自用毛笔摹录的。李春敏老师不仅积极参与刘凤翥的拓碑行动，更有一手漂亮的书法。因此刘凤翥对第五部分介绍说："这一部分的资料广而全，而且精。所有契丹文字墓志都由我的夫人李春敏老师用毛笔全文摹录，凡是能够释读的契丹字都在右边标注了汉字。"

第六部分与第七部分别为契丹大字拓本照片和契丹小字拓本照片。特别是其中收录的近200张契丹大字和契丹小字的拓本照片，绝大多数都是刘凤翥手拓收藏的精拓本拍照的。

还要提上一笔的是，《契丹文字研究类编》中还收录了刘凤翥所著的几篇批驳赝品的文章,足见反赝品在契丹文字研究中不可忽视的重要性。就如前面曾提到的刘凤翥认为批驳赝品是"重头戏",这仅仅是"开台锣鼓"而已。

巨作《契丹文字研究类编》的出版,无疑是中国契丹文字研究几十年来取得的最辉煌成果。因此刘凤翥说:"《契丹文字研究类编》是继《辽陵石刻集录》《契丹小字研究》之后的中国第三部里程碑意义的著作。其特点是资料全,成果新。后来者可以一书在手就能起步进行研究或自学。我敢自信,这是一部传世之作。一二百年之后肯定还会有人读这部书。"

谈起《契丹文字研究类编》的出版,刘凤翥说首先想起的是引导他走上契丹文字研究道路的翦伯赞先生:"翦伯赞先生未能看到我在契丹文字方面取得的成就,现在《契丹文字研究类编》出版了,我终于可以骄傲地告慰翦老的在天之灵:'敬爱的翦伯赞先生,我按您的嘱咐做了。'"接着就是要感谢帮助出版《契丹文字研究类编》的所有人,他说:

> 人要饮水思源,要有一颗感恩的心。我要感谢我的导师陈玉书先生。陈先生若不收我为研究生,我也进不了民族所这个学术环境优良的机关,因而也不会走上研究契丹文的道路。我还要感谢收藏契丹文字资料的文博单位的各位领导,是他们对我的厚爱和信任才使我顺利地收集和拓制了全部传世的契丹文资料,为研究打下了基础。
>
> 我还要感谢康鹏同志和张少珊同志,是他们分别制作的契丹小字字库和契丹大字字库才使我的契丹文字的研究工作通畅地走上电子化道路。《契丹文字研究类编》一书中所出现的契丹文字使用的都是他们的电子版

字库。书中凝聚着他们的劳动成果，没有他们的字库，出版这样一套多卷本的皇皇巨著是不可想象的。

我更要感谢一贯支持我、帮助我研究契丹文字的、我的夫人李春敏老师。早在"文革"时期，她就帮助我刻钢板油印契丹文字资料。拨乱反正之后，我所发表的以及我主导发表的所有研究契丹文字的文章中的契丹文字墓志都是李老师全文摹录的。不仅为我的研究工作做了贡献，也为其他同行做了贡献。此外，《契丹文字研究类编》中32件契丹小字碑刻和12件契丹大字碑刻也都是李老师对照拓本全文摹录的。还有该书封面的书名也是李老师题签的。没有李老师的协助，出版《契丹文字研究类编》也是不可想象的。

俗话说"一个好汉三个帮，一个篱笆三个桩"。《契丹文字研究类编》就是在众亲友的帮助下才得以出版。不能忘记他们对契丹文字事业的贡献。

《契丹文字研究类编》出版座谈会主席台。从左至右依次为中华书局总经理兼总编辑徐俊、中国社会科学院人事局张冠梓局长、刘凤翥、民族所方勇书记、中国社会科学院离退休人员工作局刘红局长、民族所原书记张畅东

□ 7．碑拓精品走进澳门

2009 年是澳门回归 20 周年。2019 年 5 月 20 日下午 6 点 30 分,澳门回归贺礼陈列馆专题展览厅内,为庆祝建国 70 周年、澳门回归 20 周年,由澳门书法协会主办、濠江印社协办的"千年绝学——契丹文字碑拓精品展"剪彩开幕。70 多件刘凤翥和夫人李春敏老师几十年辛苦手拓的契丹文字和汉字碑刻拓本精品在展厅亮相,立时深深地吸引了广大观众的眼球。此展期共十天,5 月 30 日闭幕。

刘凤翥与夫人李春敏应邀出了席展览的开幕式。刘凤翥不仅在开幕式上进行了致辞,还与出席开幕式的中联办宣文部长万速成,文化局长穆欣欣,澳门基金会行政委员区荣智,中央美术学院教授及博士生导师、著名画家贾又福,澳门红十字会主席黄如恺,《澳门日报》代总编辑崔志涛,澳门美术家协会会长陆曦,澳门书法篆刻协会名誉会长姚继光和澳门书法篆刻协会会长萧春源等人一起为开幕式剪彩。

此次"千年绝学——契丹文字碑拓精品展"不仅得到澳门有关方面的大力支持,更受到各界人士的高度赞扬。因而此次展览被澳门媒体评论为"全面感受我国古代少数民族的独有文化,深深体会我国古代独有的传拓技艺,此乃昔日记录和获取碑刻原始面貌的唯一手段,亦是保存中华文化载体之一……所以首办契丹文字碑拓精品展,旨让大众多认识真正的契丹文字"。

从左至右依次为姚继光、崔志涛、贾又福、穆欣欣、万速成、
区荣智、黄如楷、陆曦、刘凤翥和萧春源

　　刘凤翥与夫人李春敏更是对此展览早已做好准备。他们不仅对拓品精心做好裱褙和解读,还对每张拓品的时代、出土时间、地点、原石现存地点,直至拓片尺寸都一一详细列出。比如其中之一契丹小字《许王墓志》的标注:

契丹小字许王墓志铭(正面)

时代	乾统五年(1105 年)
出土时间	1975 年秋季
出土地点	辽宁省阜新蒙古族自治县卧凤沟乡白台沟村流井沟
原石现存	辽宁省阜新市博物馆
拓片来源	1993 年 5 月手拓
著录情况	拓本照片和摹本首次发表于《文物资料丛刊》1977 年创刊号
尺寸	纵 116 厘米　横 130 厘米
备注	《许王墓志》原石为两大块,另有若干小残片,录文已补入相应位置;唯有一块残片因无法确认其所处部位,暂阙不录

契丹文字研究首席专家　刘凤翥传

这些一一列出的文字,足以让我们看到每张拓片十分细微的标注。再加上拓品的精良、文字的解读,处处都浸满了刘凤翥对契丹文字研究的执着、严谨及艰辛付出,不由令人肃然起敬。因此澳门媒体评价说:"纵观精美图录文字的析读,可充分感受到刘凤翥及前辈们一生为研究和梳理契丹文字所作出的贡献,特别对文字的解读,当中那种艰辛历程甘苦自知,令人敬仰。"

由于刘凤翥与夫人的大力支持,此次"千年绝学——契丹文字碑拓精品展"得以让更多的人对契丹民族和文字有了新的认知。对刘凤翥更是给予了极高的评价。就如澳门媒体报道所说:

> 刘凤翥乃当今国际著名契丹语言文字学家,被国外及同行誉为契丹文字首席学术权威,亦是全世界公认的认识契丹文字最多的专家。其一生奉献于契丹语言文字研究,历年不辞辛苦,与太太李春敏遍地寻访和实地考察,亲手传拓契丹碑刻,积累数十年之勤。
>
> 契丹族是我国古代北方强悍的少数民族之一,其立国及如何创造文字,乃至中外学者如何解读及研究,刘凤翥在这次展览前言中有较详细的说明,细阅必有所获。
>
> 衷心感谢刘凤翥及其夫人李春敏慷慨借出珍贵藏品,玉成这次别开生面的专题展,充实了社会各界的学识认知,将引起大众对这绝学的广泛关注。

□8.依然在契丹文字研究的天空翱翔

澳门归来,年已 85 岁的刘凤翥依然思维清晰、精神矍铄。

谈起他拼搏奉献了几十年的契丹文字研究,仍然有说不完的话题。

他说:"随着时代的发展,契丹文字研究工作进展也更加提速。研究队伍梯队化,布局更加合理。比如内蒙古大学清格尔泰教授出版了《契丹小字释读问题》《契丹小字再研究》。齐木德道尔吉教授和清格尔泰教授先后招收了契丹文字专业的研究生额尔顿巴特尔与吴英喆,特别是吴英喆博士,不仅成了清格尔泰教授的接班人,他的专著《契丹语静词范畴研究》更是对契丹文字性语法有着独到的研究。

2004年,刘凤翥又应邀给北京大学历史系研究生开设了"契丹文字研究"课程。让他感到欣慰的是,他最为努力的学生康鹏博士毕业后,即将进入中国社会科学院历史研究所从事契丹文的研究工作。他就把1万多字的契丹小字一一拍成照片,制成了电子版的契丹小字字库,并为刘凤翥和北大系统的学者出版论著时使用。此外,康鹏博士还与刘浦江教授合作出版了专著《契丹小字词语索引》(中华书局2014年版)。

2009年,中国社会科学院出台了扶持绝学的政策,契丹文字也由此被定为绝学之一。2017年,中国社会科学院出台了"登峰战略工程"后,契丹文字又被定为这一工程中的绝学之一。刘凤翥更是两次被聘为绝学(契丹文字)的学科带头人。康鹏博士也先后成为课题组成员和刘凤翥的学术助手。还有刘凤翥与学部委员史金波指导的博士生张少珊毕业后不久,也成为"登峰战略工程"中绝学(契丹文字)的课题组成员,从而使我国契丹文字研究人员的队伍形成了梯队结构。

张少珊博士毕业，师生合影（2016 年 6 月 29 日摄）

　　张少珊在 2016 年又将她在此前用数码相机把刘凤翥夫人李春敏摹录的契丹大字资料全部拍成照片裁剪而成的契丹大字字库不断完善，现已竣工，并正在利用字库作《契丹大字索引》的工作。刘凤翥在 2007 年曾为之开办契丹文字培训班的赤峰学院历史文化学院，也正在积极筹备开设契丹文字基础课，并使之常态化。

　　契丹文字研究工作在国内红红火火的形势下，国外近年来也一直在发展。像多年来一直和刘凤翥保持友好联系的澳大利亚麦克理大学的康丹教授，从 20 世纪 70 年代末就开始研究契丹文字，数十年如一日孜孜以求，是当前国外最内行的契丹文字专家。他的英文专著《契丹语言文字研究》（*The Kitan Language and Script*，博睿学术出版社 2009 年版）对世界研究契丹文字的成果，做了高度概括，是西方人了解契丹文字的窗口。

　　还有日本的吉本智惠子（乌拉熙春）受家学影响，一直以精通满语和女真文字著称，近年也转入契丹文字的研究。她知识

面宽,有着得天独厚的条件,是近年发表契丹文字论著较多的学者。此外在美国工作的沈钟伟先生也充分利用了契丹文字的解读成果来研究中古汉语音韵,他取得了令人瞩目的可靠成果,把汉语官话的时间上推了300年。因此刘凤翥说:"纵观当今的契丹文字研究,可说已是群星灿烂的辉煌时代。"

对契丹文字研究的未来,刘凤翥也依然充满信心和希望。他说:

> 随着考古工作的进展,契丹文字资料还会大量出土。例如耶律仁先兄弟5个,其中耶律智先的官职最小,只是个遥授的果州防御使的虚衔。他都有契丹小字和汉字的墓志铭出土,比他官职高的《辽史》有传的耶律义先、耶律信先的墓中理应有契丹字墓志。待这类墓挖开后肯定有收获。还有耶律(韩)高十兄弟8个,他和他的姐姐有契丹小字墓志出土,他的那些兄弟的墓中也应有契丹字墓志。另外,流落民间的一些契丹字墓志也会有露面的机会,例如耶律(韩)高墓志的另一半,清宁四年(1058年)的契丹大字墓志等。

> 概扩90年来契丹文字的研究历史,虽然取得了很大的成绩,但由于缺乏对译材料,无论是契丹大字还是契丹小字都是解读出来的少,尚未解读的多。这就为有志于此者留下了可劲驰骋的广阔空间。新资料的发表,必将推动契丹文字的研究水平不断提高,研究成果的不断积累已经临近了新的质的飞跃的临界点……希望寄托在年轻人身上,希望年轻人持之以恒地不懈努力,为契丹文字再上更高的台阶而奋斗。我相信,通过几代人的不懈努力,定能把契丹文字彻底解读。

自 2014 年完成出版了《契丹文字研究类编》后，刘凤翥仍然笔耕不辍，硕果频传。2019 年 4 月，上海中西书局出版了他与李春敏、张少珊合著的 25 万字的《女真译语校补和女真字典》。同年 10 月，时代新媒体出版社出版了刘凤翥著的《契丹文》，有 3 盘光碟。

他已撰写完成的《契丹文字辨伪录》也即将由北京燕山出版社出版。此外，他与辽宁省博物馆、内蒙古文物考古所、北京辽金城垣博物馆合作的《辽代碑刻辑录》，与学生张少珊合作的《契丹大字索引》也即将完成。目前，他正在忙于审阅《二十四史今注本》中的《辽史今注》。实际上《二十四史今注》工程早在 20 年前就开始了，他和李锡厚担任辽史部分，共 116 卷。计划 2022 年出版。

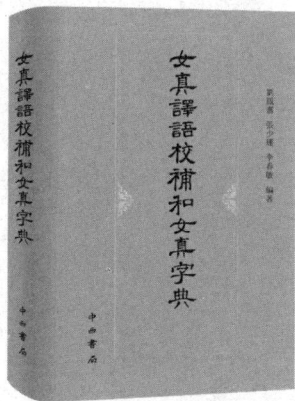

《女真译语校补和女真字典》书影　　多媒体《契丹文》书影（3盘光碟）

还是那么头脑清晰、思维敏捷，还是那么勤奋执着地为契丹文字研究努力拼搏、无私奉献……一代著名契丹语言文字学学者依然在契丹文字研究的天空翔翔！